Même pas peur

Patrick Sébastien

Même pas peur

XO EDITIONS

ISBN : 978-2-37448-949-0

Pourquoi ce livre ?

Pour n'avoir peur de rien, *a minima* de peu
Pour extirper du pire ce qu'il y a de mieux
Pour dompter nos reculs et nos renonciations
Pour apprendre à dire « oui », lorsque l'on pense « non »

Ne craindre ni la vie, ni la mort, ni les autres
Et ne pas sursauter au moindre bruit de bottes
Se garder de trembler si ce n'est de plaisir
Refuser d'hésiter, quels que soient nos désirs

Oser tous nos projets, rêver de réussite
En mettant de côté toute idée de faillite
Et même s'il advenait de devoir échouer
Se dire qu'il est bien pire de ne pas essayer

Et ne pas se terrer chaque fois qu'un écran
Crache des attentats, des microbes et du sang
Notre peur du dehors, c'est la pire des prisons,
Et les pires des geôlières, ce sont nos précautions

Attention aux excès ! Attention au cancer !
Attention au voisin ! Attention à la guerre !

Même pas peur

Attention à la neige ! Attention il fait chaud !
Attention aux voleurs ! Attention à vos mots !

Toute peur est humaine, elle a un prix surtout
Ah ! ils l'ont bien compris, les commerçants de tout
Capables de nous vendre pour faire grande fortune
Quand on a peur du noir, des bouts de clairs de lune

Quant à ceux qui dirigent en parfaits maîtres-chiens
Ils savent que l'angoisse est le meilleur moyen
D'empêcher les toutous de mordre ou d'aboyer
Au risque d'y laisser leur niche et leur pâtée

Alors préservons-nous de ces terreurs de groupe
Des ornières inventées qu'on impose à la troupe
Avançons droits, debout, sans craindre les tourments
Il y a peu d'impossible à qui le veut vraiment

Peur de vivre à plusieurs, peur de la solitude
Nous traversons le temps pétris d'incertitudes
Peur du regard des autres, peur de la maladie
Que de temps gaspillé à se gâcher la vie !

Il suffirait d'un peu de raison, de bon sens
Pour mettre du ciel bleu à nos désespérances
Si la pluie doit tomber, eh bien ! elle tombera
Redouter qu'elle s'abatte ne l'empêchera pas

Se dire que chaque chose arrive parce qu'elle le doit
Et que l'appréhender sans peur c'est déjà ça
Se délester du pire et ne croire qu'au meilleur
C'est un pas de géant pour toucher le bonheur

Bien sûr, chacun n'a pas la même volonté
La force, le courage, le goût de résister
Si le temps de ce livre je peux vous y aider
Ne serait-ce qu'un peu, j'en serai satisfait

HAPPY BIRTHDAY

Chacun ses phobies.

Une des miennes est celle de l'avion. C'est pour cela qu'entre partir découvrir le monde ou voyager dans l'imaginaire, j'ai fait mon choix. Le pays des mots est si vaste. J'embarque donc pour un nouveau livre. Mon tarmac, c'est mon ordinateur. J'ai choisi ma compagnie : la tienne. Avec, pour seul bagage, des phrases. Pour voler à tire-d'elles.

Voici le plan de vol.

À partir de mon vécu, je vais égrener et tenter de disséquer nos peurs. De celles qui nous contraignent à celles qui nous stimulent. De celles qui existent vraiment à celles que nous anticipons à tort. Avec, toutefois, le bémol de mes privilèges. Je n'ai connu ni guerre, ni cyclone, ni attentat, ni barbarie, ni criminalité sauvage, ni ségrégation meurtrière, ni précarité extrême.

Suis-je donc légitime pour décrypter pleinement l'angoisse universelle ? Pas incontestablement, c'est certain, n'ayant connu que des dangers bien éloignés de ceux qu'infligent à l'humanité les colères du climat, les maladies dévastatrices ou la folie des hommes.

Mais la terreur de perdre un deuxième enfant n'en vaut-elle pas d'autres ?

Avant de commencer vraiment, une précision. Je vais parsemer cet ouvrage, comme à mon habitude, de rencontres et d'anecdotes. Il m'arrivera parfois pour l'intérêt du récit de scénariser un peu les événements et les dialogues pour les rendre plus attrayants. Mais je te certifie que tout ce que je vais te confier est absolument authentique. Autant dans la localisation que dans le sens des paroles.

Allez, c'est parti !

Quand j'ai dit à mon amie Marilyn que j'allais sans doute consacrer mon premier chapitre à la peur de la mort, elle s'est un peu foutue de moi :

— La mort pour commencer ? T'as pas trouvé plus triste ?

— Pourquoi ? La mort n'est triste que pour ceux qui restent. Mais pour celui qui part, va savoir ? Tous ceux qui ont vécu la mort imminente en ont eu plutôt un bon souvenir.

— Oui, je sais. Le grand tunnel blanc.

— C'est ça. Et une sensation de bien-être absolu.

C'est rassurant, non ? Ce serait la meilleure raison de ne pas avoir peur. L'occasion d'écrire une phrase qui pourrait presque achever ce chapitre à peine commencé :

Qui sait ? le jour de notre mort est peut-être le plus beau jour de notre vie.

Je vais quand même développer.

Comme chaque fois que j'attaque l'écriture d'un livre, je m'impose en amont un training intellectuel. Des grilles de mots croisés ardues qui enclenchent mon mécanisme de réflexion et de créativité. Comme un footing qui prépare les muscles à la compétition. Donc, j'avais envisagé de consacrer le premier chapitre de cet ouvrage à la peur de la mort. Le hasard m'a offert le starter de mon inspiration avec la dernière définition que j'ai eu à résoudre. Mais le hasard existe-t-il ?

Sur ma grille, en sept lettres : « Compagne à la vie à la mort ». Ça commence par CA et ça finit par DE… CAMARADE peut être ? Mais non, il y a huit lettres… Attends, je réfléchis !… Mais oui, c'est « CAMARDE » bien sûr. La mort des poètes. À une lettre près de « camarade » qui aurait tout aussi bien convenu. On se connaît tellement bien, la mort et moi. Elle m'a frôlé souvent. Dès le tout début d'ailleurs.

Maman m'a avoué :

— Ton géniteur ne voulait pas de toi. J'étais seule, sans argent. Sans compter la honte dans le petit village des années cinquante. Alors j'ai essayé de te faire passer.

— L'aiguille de la faiseuse d'anges ?

— Non. Ça aurait marché à coup sûr. Mais je n'étais pas complètement certaine de ma décision. Alors, j'ai sauté plusieurs fois d'un muret pour te décrocher. En laissant le choix au destin de décider pour moi.

Si ça avait marché, serais-je donc mort avant d'être né ?

Ou bien n'existais-je pas encore ?

Vaste débat qui pousse parfois les antiavortement au pire des intégrismes. Avec une certitude : la vie, on sait à coup sûr quand elle s'arrête, mais on ne sait pas vraiment quand elle commence. Au premier contact avec l'ovule ? Au premier soupçon d'embryon ? Au premier battement de cœur ? D'aucuns ont des certitudes étayées souvent par leurs croyances religieuses. D'autres les réfutent totalement.

Je n'ai pas d'avis tranché sur la question. Juste la réminiscence de la démonstration d'un humoriste des années soixante. Il s'appelait René Cousinier. Dit « René-la-branlette ». Un surnom bien réducteur en regard de la profondeur du personnage. Cultivé, érudit, multilingue, René avait choisi, un peu comme moi, la gauloiserie comme gagne-pain. Et aussi, sans doute, parce que la futilité permet de s'échapper lorsqu'on a trop de lucidité dans nos regards sur les travers de ce monde. L'illustration parfaite d'un de mes adages favoris. Celui qui m'offre une si douce consolation au mépris élitiste :

Il est tellement jouissif de passer pour un imbécile aux yeux de ceux qui le sont souvent bien plus que nous.

René Cousinier officiait dans un cabaret de Montmartre. Trivial, grossier souvent, il débitait pendant cinq heures toutes les nuits des mots interdits. En quelques mois, il était devenu un phénomène. Une coqueluche, disait-on. Une presque synchronicité de sonorité avec Coluche dont il fut un précurseur. Complet tous les soirs, sa clientèle était surtout composée d'étudiants et d'étudiantes qui venaient chercher la gauloiserie, mais pas seulement. À l'instar d'un Frédéric Dard, il parsemait son discours cru d'analyses et de réflexions avisées sur la société.

Pour l'avortement, sa démonstration était celle-ci :

— Écoute-moi, jeune fille ! Tu veux te faire avorter, tu as sûrement tes raisons selon les circonstances de l'instant. Mais avant de le faire, mets-toi devant ta glace et pose-toi la question : « Ce bout de viande qu'on va m'enlever, est-ce que je vais avoir le courage de le donner à manger au chat ? » Si ta réponse est oui, fais-le. Ça veut dire que pour toi, cette « chose » n'a aucune vie, aucune âme. Mais si tu hésites en te disant : « Je ne peux quand même pas donner ça à manger au chat ! », ne le fais pas. Quand plus tard tu auras peut-être d'autres enfants, tu auras toujours la sensation qu'il en manque un.

Ça vaut ce que ça vaut, je te laisse juge.

Mais ce raisonnement m'a profondément marqué. Avec la satisfaction rétrospective de n'avoir pas servi de Whiskas de substitution à un matou corrézien ! Je vais ajouter à ce clin d'œil félin une petite couche d'humour supplémentaire. Ce sera le cas de temps en temps tout au long de cet ouvrage. Pour égayer des propos parfois pesants. En indication de thérapie aussi. Tu t'apercevras ainsi que, dans certains cas d'angoisse, l'humour est un allié précieux.

Donc juste une petite devinette que m'a soumise un ami.

— C'est quoi le point commun entre une jeune fille de treize ans et son fœtus ?

— Je ne sais pas.

— Les deux se disent : « Ma mère va me tuer ! »

Les sauts de Maman à hauteur de muret ont été mes premiers frôlements avec la camarde. En toute inconscience, bien entendu. Plus tard, au fil des ans, je la côtoierai souvent, en pleine conscience cette fois. Et pêle-mêle, j'ai en mémoire les dizaines de rencontres impromptues où il s'en est fallu de bien peu pour qu'elle m'emporte avec elle.

Entre autres, deux très violents accidents de voiture. Dont un qui, au-delà de la confirmation de mon potentiel de chance (j'en ai échappé par miracle), m'a appris bien des choses sur la nature humaine. En parfaite opposition. D'un coté l'empathie de l'équipe de soignants à l'hôpital de Vierzon. De l'autre, la bêtise désespérante du tout-venant. Le premier qui s'est arrêté sur le bord de la route m'a découvert éjecté de la voiture, en sang de la tête aux pieds.

Sa seule phrase a été :

— Oh merde ! Patrick Sébastien. C'est con, j'ai pas mon appareil photo !

Dans un cas pareil, même avec leur dévouement sans faille, je ne pense pas que les équipes du SAMU auraient pu faire grand-chose. D'où une peur supplémentaire. Celle de se dire qu'il est fort probable qu'on ne trouve jamais le vaccin qui nous protégera du virus de la connerie primaire.

Dans la liste de mes frôlements avec la camarde, il y a eu aussi un coup de pied dans la tête, à mes débuts de rugbyman, qui m'a laissé K.-O. plus de vingt minutes.

Avec, après, l'angoisse rétrospective de la mort à retardement. Une semaine plus tôt, un de mes copains joueurs était tombé en mobylette. Il était rentré chez lui sans s'inquiéter plus que ça du choc à la tête. Il était mort le matin suivant. Synchronicité supplémentaire, il était né le même jour que moi. Je ne sais pas si la camarde rôdait, mais elle a hanté mes nuits pendant longtemps.

Et aussi la maladie, bien sûr, récemment. Un cancer de la peau découvert par hasard. Opéré tout juste avant que les métastases du mélanome infiltrant aient le temps de se développer. Et puis un cancer du rein. Avec une opération qui, cette fois, ne s'est pas passée comme prévu. Huit heures sur la table d'opération et une hémorragie stoppée de peu. Surclassement d'outillage : le bistouri a bien failli devenir une faux.

Et en remontant plus loin dans mes souvenirs, une farandole de situations propices au grand départ. Pendant mes « années Pigalle » un couteau sous la gorge, un flingue sur la tempe et un voyage au fond d'un coffre de voiture que je t'ai raconté dans un livre précédent. Pas la peine d'y revenir. Juste te dire que la mort était plus que proche. Pas la mienne, mais celle de celui qui était allongé près de moi dans ce coffre. Condamné à être exécuté quelques heures plus tard sous mes yeux.

Il y a eu aussi les risques du métier. Un faux pas en bord de scène, au Mans, rattrapé de justesse à un filin qui m'a évité de m'écraser dans une fosse hérissée de pics acérés. Et puis ce chapiteau qui s'est écroulé un soir près de Valence. Le pont de lumières s'est abattu sur moi. Il ne s'en est fallu que de quelques centimètres que je sois transpercé.

Et puis encore, à mon crédit d'amoureux imbécile, deux tentatives de suicide avortées. Une pendaison à une branche d'arbre qui a cassé et l'ingurgitation de toute ma pharmacie. Somnifères et laxatifs compris. Ridicule. Le cul par terre, dans un cas, et le ventre en capilotade dans l'autre. Elle a bien dû se foutre de moi, sur le coup, la grande faucheuse. Suicidé de pacotille. Tu parles d'un client !

En revanche, il y a eu, bien plus risqués, ces centaines de défis nocturnes dans des lieux incertains. Mon kif, comme on dit aujourd'hui. Mon aventure à moi. Relative. Je n'ai jamais été vraiment un casse-cou. Casse-couilles plutôt. Entêté à vouloir défier le sort sans autre exploit digne du livre des records que celui de m'aventurer dans des jungles humaines à fort potentiel de dangerosité. Pour l'adrénaline. Surtout au temps de mes dérives alcooliques.

Nu et courant seul en pleine nuit sur une plage de Mombassa, au Kenya. En hurlant dans mon délire de pochtron ridicule :

— Allez viens, enfoiré de Massaï, je te prends à la machette !

Encore plus stupide que vraiment téméraire.

Une balade inconsciente sur les quais de Kingston, en Jamaïque. La montre et la chaîne en or arrachées. La poursuite aux longs couteaux, il a fallu courir vite ! Poursuivi par des « Bob marlous » qui par bonheur cavalaient moins vite qu'Usain Bolt. Comme quoi, question sprint, la marijuana ne vaudra jamais les amphétamines.

À Verdun aussi, le bas quartier de Montréal. En virée entre copains à l'occasion du festival des humoristes en 1989. C'est vrai qu'on s'est bien marrés. Jusqu'à ce que les éclats de balles remplacent les éclats de rire. En même temps, le sketch n'était drôle que pour nous. Se taper une putain portoricaine et essayer de la payer avec des billets de Monopoly en lui faisant croire que c'était la nouvelle monnaie européenne, là aussi il a fallu courir très très vite !

Et puis près des montagnes de la Table au Cap, en Afrique du Sud. En équilibre plus qu'instable dans une voiture, un pneu au bord du vide sur une colline à l'à-pic vertigineux. Bon, j'avoue, il s'agissait plus de recherche de plaisir que de danger. Maladresse de coït précipité sur la banquette avant. Les yeux fermés dans l'extase. Le frein se desserre accidentellement et roulez jeunesse !

Ma compagne occasionnelle, par bonheur, n'avait qu'une main prise. C'est l'autre qui nous a sauvé la vie. La voiture qui glisse lentement. Tout occupé à mon plaisir, je n'ai pas ressenti le mouvement. C'est elle qui d'un coup a réalisé qu'on était à deux doigts de plonger dans le vide. Resserrage de frein à main à la dernière seconde et bye-bye camarde ! Ouf !

Pas vraiment de prise de risque dans ce cas si ce n'est celui, orgueilleux, de ne pas contenter la sublime ex-miss Afrique du Sud qui était ma partenaire de l'instant. Un bon point pour mon *ego* qui, à quelques secondes près, sans son réflexe salvateur, aurait quand même pu me coûter la vie. Si peu d'écart entre une couronne de reine et une couronne mortuaire !

Mais, comme je l'ai longuement détaillé dans mon livre précédent, apparemment ce n'était pas l'heure. Encore et toujours, ma croyance dans l'inéluctable. Ce n'était pas écrit comme ça. Eh oui ! je continue à croire que les choses arrivent parce qu'il est écrit qu'elles doivent arriver. J'y reviendrai souvent. C'est ce qui m'autorise encore aujourd'hui bien des audaces gratuites.

Toute ma vie, j'ai baguenaudé de nuit dans des chemins buissonniers. Surtout, je l'avoue, en quête de plaisir érotique démultiplié par l'adrénaline. Aller courir la gueuse au dernier étage de l'immeuble délabré d'une banlieue incertaine, ou dans une arrière-cour de basse-fosse, ou encore dans des fourrés obscurs et dangereux plantés de professionnelles ajoute un supplément de frisson au simple plaisir. Bien plus érogène que de jouir dans des draps de soie.

On appelle l'orgasme « la petite mort ». Il est encore plus fort quand il côtoie la grande. Ce que m'avait confirmé Marina, une amie grand reporter de guerre. Elle gardait de ses étreintes sous les bombes un souvenir inoubliable.

— Tu ne peux pas imaginer, Patrick, l'intensité de ce plaisir-là. Le claquement des rafales au loin. L'odeur âcre de poussière, de sang et de brûlé. Et s'aimer, fort. Vite. Comme si c'était la dernière fois. Éros et Thanatos encastrés. C'est une jouissance que je n'ai connue nulle part ailleurs.

Bon, je ne suis pas allé jusque-là. Un road trip en Ukraine ou en Palestine juste pour le fun de l'accouplement à portée de missile, faut pas exagérer non plus ! Mais d'hôtels louches en taudis de fond d'impasse ou en recoins forestiers enfouis, j'ai quand même osé des localisations à haut risque. D'où une incompréhension totale de mes amis.

— Mais enfin Patrick, qu'est-ce que tu vas foutre tout seul en pleine nuit dans cet endroit malfamé ? C'est hyperdangereux !

— Je sais. C'est bien pour ça.

— Et tu n'as pas peur ?

— Bien sûr que si. Mais pas une peur qui tétanise ou qui fait reculer. Une peur qui fait avancer, au contraire. Motivante. Jouissive. Douce-amère. Pas une peur bleue.

Je l'appelle la « peur rose ».

Inconscient ? Téméraire ? Ou plutôt idiot ? Un mélange.

Ce besoin récurrent d'approcher au plus près la gueule du loup sans en craindre les morsures m'a pris dès l'enfance. Dès que j'ai été en âge de me mettre dans une situation stressante, j'ai multiplié les tests de ma propre volonté. Comme un training. Une formation accélérée à l'angoisse. Un plan d'autoéducation mûrement prémédité : défier mes peurs de gosse pour plus tard atténuer mes peurs d'adulte.

On habitait juste à côté de l'église, à Juillac, en Corrèze. Au premier gros orage d'été, je filais en douce me planter sur la place. Inondé de pluie et de la lumière des éclairs, mon raisonnement était basique :

— Si la foudre doit tomber et que Dieu existe, elle tombera sur la sacristie !

C'est arrivé deux fois. La première fois, quand je suis rentré, trempé de la tête aux pieds, ma tante Annie, ma confidente, m'a engueulé tendrement. Et puis, elle m'a dit :

— Donc, maintenant tu crois en Dieu ?

Fier d'avoir vaincu ma peur, j'ai répondu :

— Pas forcément, mais au moins je crois en moi !

Pendant toute mon enfance, je n'ai eu de cesse de tenter de reculer le seuil de mes appréhensions. J'escaladais les arbres pour me jeter dans le vide de branches de plus en plus hautes. Je sautais d'un piquet à l'autre sur la clôture d'un enclos à vaches. Du Koh-Lanta extra-light, même si les barbelés m'ont souvent lacéré les cuisses. Je dévalais des pentes à vélo à tombeau ouvert en « étoile ». Les bras et les jambes écartés au plus large. Ça, beaucoup d'entre vous l'ont fait. Pas de quoi pavoiser !

Plus audacieux, je me lançais sur d'autres pentes, accroupi en fœtus à l'intérieur d'un tonneau qui se fracassait à l'arrivée. Ça, c'est plus fun, non ? Je marchais sur les toits. J'allumais des feux de broussailles juste pour l'exploit de les sauter à pieds joints. Parfois même, les yeux bandés. Je plongeais de ponts dans une eau tout juste assez profonde.

Et chaque fois, au bout de mes cascades imbéciles, je m'exclamais juste pour moi :

— J'ai eu la trouille, mais putain, je l'ai fait !

Alors, bien sûr, il y a eu des plaies, des bosses, des brûlures et des entorses que, dans ma tête de petit héros du quotidien, je m'attribuais en blessures de guerre. Et quand ma grand-mère me décorait de la tache rouge du mercurochrome, c'était ma Légion d'honneur.

J'avoue avec le recul que je ne suis pas très fier de ces minicascades de gosse inconscient. Ne serait-ce que pour le souci que j'ai fait faire à ceux qui m'aimaient. Même si aujourd'hui ces inconduites de môme ont largement atténué mes peurs actuelles. Un mal pour un bien, dit-on. Mais un bien pour un bien, c'est toujours mieux, non ?

Au-delà de ces peurs choisies, j'ai eu aussi à gérer celles qui m'étaient imposées par une éducation d'une autre époque. Quelques gifles, des coups de martinet qui aujourd'hui horrifient les défenseurs du tout permis et de l'enfant roi. Châtiments qu'en aucun cas je n'aurais pu reproduire sur mes propres enfants. Vaste sujet, encore.

Bien sûr, les nostalgiques de la schlague argumentent :

— Quand on voit comment se conduisent les gamins d'aujourd'hui, si on leur avait mis de bonnes volées, on n'en serait pas là !

Bien se conduire par crainte d'être frappé, je ne partage pas vraiment cette nostalgie punitive. Même si je n'en veux pas une seule seconde à ceux qui m'ont infligé ces sévices d'un autre temps. C'était ainsi, c'est tout. Et surtout, le but n'était pas de nous rabaisser mais de nous redresser. Ce serait trop long d'argumenter. Je m'en tiendrais à un axiome de Bisounours, sujet aujourd'hui à bien des contradictions.

Quelle qu'en soit la justification, toute violence sur un enfant est non seulement inacceptable, mais, de plus, stérile.

Tout gamin, la punition qui m'a le plus marqué ne se traduisait pas en coups. En cas de désobéissance ou d'insolence caractérisée, on m'enfermait de longues heures dans la cave. Au début terrorisé par l'obscurité totale, j'ai vite trouvé la parade. À quoi bon hurler, pester, puisque de toute façon on ne m'ouvrirait pas ? Une fois de plus, j'ai décidé de faire de ma peur une amie, une complice.

C'est cette parade qui fait sûrement qu'aujourd'hui le noir, qui pour beaucoup génère de l'angoisse, représente pour moi la sécurité et le réconfort. Je vis surtout la nuit et je ne peux m'endormir apaisé que dans une pièce ou toute lumière est occultée. C'est, sans aucun doute, l'écho de mon enfermement dans la cave de mon enfance et la façon dont j'ai désamorcé ma peur à cette occasion.

Dès que la clé finissait de tourner dans la serrure, je me recroquevillais dans un coin, en fœtus, et je m'imaginais dans le ventre de ma mère. Au chaud dans le placenta, même quand la température de la cave était glaciale. En sûreté, protégé du monde extérieur. Loin de la discipline imposée, des agressions de toutes sortes, des railleries sur ma bâtardise. Rassuré et libre.

Quand on m'autorisait à sortir, on me disait :

— J'espère que ça t'a servi de leçon.

Je répondais :

— Oh oui !

Personne n'a jamais compris le sens de ce « Oh oui ! »-là. Ils ont pris ça pour une rédemption. Ce n'était pas le cas. Pour moi c'était la promesse, à chaque contrecoup, à chaque mal-être, de replonger imaginairement dans le noir de mon berceau originel. Ma protection rapprochée. Mon refuge inviolable : le ventre de Maman.

Dans la droite ligne de ce que j'ai écrit dans le poème d'ouverture, c'est le premier conseil que je te soumets pour atténuer une de tes peurs éventuelles. En l'occurrence celle du noir qui, je le sais, touche beaucoup d'entre vous. Je ne te garantis rien, mais tu peux au moins essayer de t'imaginer revenu dans le ventre maternel. Au chaud, en sécurité. Là où rien de l'extérieur ne peut venir te blesser. Où rien ne peut t'arriver. Ce qui t'enlève bien des raisons d'avoir peur. Pour moi, ça a marché chaque fois. Même dans les pires circonstances.

Quand mon fils est mort, je n'ai jamais pleuré la nuit.

Et encore pas tant que ça.

Seulement tous les jours.

À l'adolescence, j'ai laissé tomber les imbéciles cascades de gosse. Pour mes défis à la peur, le rugby et les bagarres de bal suffisaient. Je me suis orienté vers d'autres bravades qui ne mettaient pas vraiment en danger mon intégrité physique. Une en particulier que je vais te décrire dans quelques lignes. Au grand soulagement de Maman, au courant de mes nouvelles audaces. Elle avait au moins la certitude que, cette fois, je n'en reviendrais pas blessé. Peut-être juste un peu perturbé mentalement.

Elle me le disait avec ses mots :

— Je ne vois pas l'intérêt de faire des conneries pareilles, mais si ça t'amuse !

— C'est pas seulement pour m'amuser, c'est pour apprendre à ne pas avoir peur.

— Peur de quoi ?

— De la mort.

— Parce qu'à ton âge tu en as peur ?

— Un peu, comme tout le monde.

— Pas moi. J'ai bien plus peur de la vie que de la mort. Dans ce monde bourré d'injustices sociales, la mort c'est la seule véritable égalité. Qu'on soit Rothschild ou un pauvre pélot, on y passera tous pareil.

Parenthèse. Une idée au hasard.

Je me suis toujours dit que la mort était l'occasion d'égaliser chaque vie. Qu'elle soit extraordinaire ou quelconque. Pour moi, ce serait justice d'imposer à chaque être humain la même boîte pour lui servir de cercueil. Qu'on soit libre de choisir le décorum, bien sûr, le faste ou l'ordinaire de la cérémonie. Mais le même bois, de la même valeur pour tous. La même « décoration d'intérieur », si j'ose dire, pour notre dernière couche. Avec le choix, bien entendu, de l'habillage extérieur. Une façon de rétablir une égalité entre ceux qui n'ont pas eu la même chance de leur vivant. Les pompes funèbres vont me haïr, mais bon ! c'est dit, c'est dit. Illusoire peut-être, mais profondément humaniste. Tu en penses quoi ?

Fin de la parenthèse.

Et reprise de la conversation avec Maman quand elle s'étonnait qu'à mon âge je me soucie déjà de ma mort.

J'ai argumenté :

— C'est vrai, je suis jeune, mais je ne peux pas m'empêcher d'y penser. Tu te rappelles mon copain rugbyman qui était tombé de mobylette ?

— Pauvre petit ! Mais bon, si c'est arrivé c'est qu'il était écrit que ça devait arriver.

(Tu comprends mieux d'où me vient cette certitude de l'inéluctable.)

À la fin de notre conversation, elle m'a quand même fait une mise en garde. La seule chose dont elle était vraiment soucieuse.

— Vous ne profanez rien au moins ? Parce qu'avec cette expédition tu ne serais plus un ado un peu débile, tu serais un vrai salopard !

— Bien sûr que non.

Pour l'« expédition » en question, je ne jouais plus en solo. J'étais escorté de toute une bande de copains et de copines aussi avides que moi de se frotter au stress, pour mieux le conjurer. On appelait ça : « la Nuit du cimetière ». Le jeu consistait, en sillonnant les villages de la région, à nous retrouver à chaque nuit noire devant un cimetière différent. L'un d'entre nous y entrait pour aller déposer un vase de roses blanches sur une tombe au hasard. Ensuite on pénétrait chacun à une minute d'intervalle.

Le but était de retrouver le vase, bien sûr. Mais bien plus que cette chasse au trésor, c'était une chasse au frisson. Avancer dans le noir total. Entendre des pas, des craquements. Et puis aussi des gémissements, des plaintes, parfois des hurlements. Étant entendu que chacun devait faire le maximum pour effrayer l'autre. Ça pouvait durer de longues minutes, parfois une heure. Une seule phrase pouvait arrêter nos déambulations.

Quand quelqu'un criait :

— J'ai trouvé !

Cette balade au pays des âmes mortes ne présentait aucun danger physique. D'ailleurs, les plus cartésiens d'entre nous en riaient. Mais pour la plupart, l'important c'était l'impalpable, le mystique. Un cimetière la nuit n'est pas un endroit comme les autres. Qu'on tente d'y résister ou pas, on ne peut pas être indifférent à ces ondes diffuses qui nimbent le lieu d'un silence habité.

RIP. Revenants Incontestablement Présents ?

Les bruits, les frôlements, était-on bien sûr qu'ils provenaient d'un de nous ? Et les feux follets étaient-ils seulement une réaction chimique ou l'expression lumineuse d'une présence fantomatique ? Beaucoup se sont longtemps demandé si, mêlées à ces gémissements, ces craquements, il n'y avait pas des plaintes montées d'outre-tombe.

— Tu crois qu'ils nous en veulent parce qu'on les dérange ?

— Va savoir ?

— Ou peut-être qu'au contraire ils nous disent qu'ils sont contents qu'on vienne égayer leur repos éternel.

— Peut-être. Si c'est le cas, on ne peut qu'en être fiers.

Parmi ceux qui me lisent, certains peuvent trouver notre expédition inconsistante, voire débile. Irrespectueuse même. Ça n'a jamais été le cas. Comme promis à Maman, il n'y avait aucune profanation. On laissait même le bouquet de roses blanches sur la tombe qui avait été choisie. Cadeau de mômes généreux à des absents condamnés à la dernière demeure en friche par l'ingratitude de leurs proches.

Ceci dit, au bout du compte, le résultat a été que de jouer à proximité de la mort l'a dédiabolisée pour la plupart d'entre nous. Aujourd'hui, sa présence ne me perturbe pas plus que ça. Quand je fais une visite mortuaire, je ne ressens rien, hormis le chagrin pour le décédé, bien sûr. Mais aucune appréhension. La lividité, la rigidité ne m'impressionnent absolument pas. Et je sais que je dois la majeure partie de cette indifférence à nos Nuits du cimetière. Cela se résume en une phrase.

Une phrase qui ajoute une valeur inestimable à mon passage sur terre :

Je n'ai pas peur de la mort.

C'est le deuxième conseil que je peux te soumettre. Si la phobie du grand départ est latente chez toi, n'hésite pas à fréquenter la camarde. Entre autres, une visite de nuit dans un cimetière ne peut qu'être bénéfique. En thérapie préventive, en vaccin. Et surtout, à chaque deuil, essaie de ne pas lui en vouloir. De l'accepter comme une péripétie ordinaire. Parce qu'elle n'a rien d'extraordinaire. Elle fait son job, c'est tout !

Je t'offre même un petit truc en plus. Pour montrer à la mort que non seulement tu ne la crains pas, mais que tu peux jouer avec. C'est un rite auquel je m'oblige quotidiennement. J'allume chaque jour une bougie. Si je n'en ai pas sous la main, je me contente de me regarder dans la glace en tendant un doigt d'honneur et en disant à haute voix :

— Happy birthday !

Ben oui ! sur trois cent soixante-cinq jours dans l'année, il y en a forcément un qui est l'anniversaire de ma mort. Alors, à tout hasard, une bougie chaque jour ou un joyeux anniversaire. Pour lui montrer que non seulement elle ne m'effraie pas, mais que je la fête, le sourire aux lèvres.

— Eh bien, parlons-en, me dit la camarde en s'asseyant sur le bord de mon lit juste avant que je m'endorme.

— Non. Pas maintenant. Plus tard. Pour terminer le chapitre.

— D'accord, c'est toi qui décides.

— À moins que tu aies choisi de m'emporter tout de suite, en pleine écriture. Ce serait dommage pour mes lecteurs, j'ai encore beaucoup de choses à leur dire.

— Ne t'inquiète pas. J'ai tout mon temps. Et de toute façon, si ça peut te rassurer, la date est programmée, et ça n'est pas pour aujourd'hui.

— Trop aimable !... Donc j'enchaîne... À tout à l'heure !

— C'est ça, à tout à l'heure !

Pour enchaîner, donc, je voudrais en revenir à la peur rose qui était la raison d'être de nos Nuits du cimetière. Instructive, formatrice, bénéfique, jouissive. Et là, je veux m'arrêter sur un cas de cette peur douce-amère qui, au-delà de ces effets positifs, a entraîné une fin dramatique, hélas ! Elle concerne un de mes amis qui participaient à nos expéditions.

Il s'appelait Frédéric.

Un fils à papa excentrique. Un gâté sympathique. On l'adorait. Toutes les filles étaient plus ou moins amoureuses de lui. Il avait tout. La beauté, l'humour, la folie et une humilité inaltérable malgré son ascendance bourgeoise et huppée de province. C'est une peur rose bien particulière qui allait sceller son destin tragique. Mais, une fois de plus, comment aurait-il pu en être autrement puisque cela avait été écrit comme ça ?

Je lui disais :

— Mais pourquoi tu fais ça ? T'en as pas besoin. T'as tout le pognon que tu veux.

— Justement, je veux ce qui ne s'achète pas. La peur… quelle couleur tu dis déjà ?

— Rose.

— C'est ça. La peur rose. Celle qui fait bander.

— À ce point ?

— Oh oui ! Je te jure que quand je cambriole une baraque je prends un pied énorme.

— Tu pourrais aussi prendre un coup de fusil.

— Justement. C'est ça qui m'excite. Un proprio qui pète un câble, ou les flics qui me gaulent. Chaque fois, j'ai le battant qui tambourine dans la poitrine. Et après, une fois dehors, quand je file sur ma Ducati, tu peux pas savoir le goût du vent sur ma gueule. Mieux qu'un orgasme. Je touche les étoiles.

Un soir de cambriole de trop, les flics l'avaient repéré. Il a réussi à s'enfuir en sautant d'une fenêtre. Il a enfourché sa moto et est parti à tombeau ouvert, les gyrophares aux trousses. Au deuxième carrefour, quand il a grillé le feu, il s'est fait exploser par un camion de volailler.

Une autre façon de toucher les étoiles.

Définitive.

Toute la bande était détruite de chagrin. Moi peut-être un peu plus. Parce que j'étais son ami le plus proche et que je n'avais pas su trouver les mots pour le convaincre de ne plus jouer à ce jeu de con. J'ai aussi compris ce jour-là que ma propre mort ne me faisait pas peur, mais que je serais toujours bouleversé par celle des autres.

Chacun d'entre nous a encaissé le deuil à sa manière. Les uns en ne souhaitant plus jouer à la Nuit du cimetière, d'autres en quittant la bande. D'autres encore en essayant de masquer leur peine à grands coups d'humour noir. Tu sais, le nez rouge de clown, celui que j'appelle le plus lumineux des mercurochromes.

Olivier y est allé de sa sentence cynique au sujet des volatiles que transportait le camion qui nous avait enlevé notre ami.

— Tu vois, finalement, les poulets ont fini par se le faire !

On leur en voulait aux poulets, les vrais. C'est leur poursuite qui avait provoqué le grillage de feu et le crash. Le même accident aujourd'hui dans une banlieue déclencherait des émeutes. Mais c'était un autre lieu, une autre époque. Les « on dit » de la bonne société de la ville ont occulté la poursuite policière pour ne garder que la malhonnêteté d'un fils de bourgeois voleur pourri-gâté qui finalement n'avait peut-être eu que ce qu'il méritait.

Même le curé, le jour de l'enterrement, n'a pas pu s'empêcher de mêler la morale à la compassion.

— C'est dramatique, c'est vrai. C'est même horrible d'être rappelé à Dieu en pleine jeunesse. Mais que cela nous serve de leçon. La société a des règles. Et hélas ! la justice divine se charge parfois de punir ceux qui les enfreignent.

C'est à cette occasion que j'ai écrit mon premier aphorisme :

Les règles, c'est quand les hommes en ont trop qu'ils sèment la mort. C'est quand les femmes n'en ont plus qu'elles sèment la vie.

Ceci dit, désolé, monsieur le Curé !

Pour moi, la justice divine n'a rien à voir avec ça. Ce n'était pas l'exécution d'une sentence du Ciel. C'est arrivé parce qu'il était écrit que ça devait arriver. Et la camarde personnelle de Frédéric a tout fait pour que ça arrive ainsi. Un retard au chargement, quelques kilomètres/heure en moins pour le camionneur, et l'impact aurait été évité ? Non ! le croisement était programmé à ce moment précis et à cet endroit précis. Planifié.

Inévitable.

J'ai écrit « camarde personnelle » parce que je suis convaincu que chacun de nous en a une à lui. Attribuée et unique. C'est ma théorie. Elle est invérifiable et peut sembler farfelue, mais elle offre une foule d'avantages. Comme la religion nous prétend un ange gardien attitré, je me suis toujours convaincu que j'avais une camarde personnelle. En stand-by, près de moi, depuis ma naissance.

Je refuse de croire en un Dieu unique qui aurait droit de vie et de mort sur chacune de nos existences. Une faux universelle. Je crois à des fourmis besogneuses individuelles qui nous escortent toute la vie et décident chacune de l'heure de notre trépas. Pour moi, chacun de nous a la sienne. La mort qui t'emportera t'est propre. À l'instar de ton ombre, elle n'appartient qu'à toi. Elle te suit pas à pas depuis le début. C'est logique, puisque lorsque nous venons au monde nous sommes inéluctablement programmés pour mourir.

Parenthèse : l'idée ne nous effleure pas, par bonheur, mais ironiquement c'est assez amusant d'observer les émerveillements joyeux de la petite famille autour du berceau d'un condamné à mort !

Cela peut te sembler hétéroclite, voire complètement délirant, mais croire en ma théorie, c'est la meilleure façon de faire de nos camardes des complices au lieu de nos ennemies. Et donc de ne pas les redouter. Parce que si c'est le cas, ce sont aussi elles qui passent leur temps à nous épargner. À nous sauver la vie en attendant de nous la prendre au moment préétabli. Donc elles méritent bien plus de reconnaissance que de crainte.

Maman, posée sur mon épaule, me souffle :

— Ce serait donc la tienne qui a refusé de te prendre quand je sautais du muret ?

— C'est ça. Comme ta camarde personnelle n'a pas voulu de toi lorsque tu as eu des accidents ou que tu as failli partir d'une éventration. Et aussi le jour où ton agresseur t'a étranglée, noyée et laissée pour morte dans un fossé.

C'est la mienne qui a serré le frein à main sur la montagne du Cap. Qui a rompu la branche à laquelle j'avais accroché ma corde de pendu volontaire. Qui a stoppé mon hémorragie sur la table d'opération. C'était elle, le filin providentiel qui m'a évité de m'écraser sur des pics acérés. Qui a fait dévier de quelques centimètres le pont de lumières qui aurait dû m'éventrer. C'est elle surtout qui m'accorde à soixante et onze ans un sursis inespéré après tous mes excès d'alcool passés et de tabac actuels.

— Alors merci, madame la Camarde… Allez ! viens t'asseoir au bord de mon lit. La fin du chapitre approche. Comme promis, on va dialoguer.

Ce dialogue imaginaire avec ma camarde attitrée, je l'ai très souvent au moment de m'endormir. Pour cause d'écriture, ce soir, je vais t'en faire profiter.

C'est elle qui commence :

— Alors, comme ça, tu n'as pas peur de moi ?

— Non.

— Pourtant tu devrais.

— Ah bon !

— Ben oui ! tu as soixante et onze ans. C'est plutôt une zone à risques. Surtout avec tes deux paquets de cigarettes par jour.

— T'as raison… Tiens, justement, je vais m'en allumer une de plus.

— Pour me narguer ?

— Exactement.

— On dirait que tu m'espères.

— Oui et non.

— C'est-à-dire ?

— Non, parce que j'ai encore quelques plaisirs à chaparder. Et puis je pense bien sûr à la peine que ça ferait à ceux qui m'aiment vraiment. Et oui, parce que je commence à être bien fatigué, tu sais.

— C'est normal, tu ne t'entretiens pas physiquement.

— Je ne te parle pas de cette fatigue-là. Mon corps est usé, c'est vrai, mais ce n'est pas lui qui porte les pires cicatrices. Comme disait mon vieux Dard : « Je suis un vieux fœtus blasé, ma vie m'aura servi de leçon, je ne recommencerai plus jamais. » Et puis pour tout dire, la lente dérive du monde actuel m'a ôté tout espoir de voir l'humanité s'améliorer. Non, ce qui me fatigue le plus, c'est un mélange de dégoût et de nostalgie.

— Nostalgie, je peux comprendre, c'est de ton âge. Mais quel dégoût ?

— De moi, des autres.

— Je ne comprends pas Tu as plutôt bien réussi ta vie.

— Oui, mais à quel prix ? Une image de marque de pitre primaire si éloignée de ma nature profonde. Des histoires d'amour trop multiples pour ne pas être bâclées. Une paternité bourrée d'absences. Alors d'accord, de l'argent, des succès, la reconnaissance du public. Mais la sensation de n'avoir rien fait de vraiment important, si ce n'est d'avoir embourgeoisé mes révoltes d'adolescent. D'avoir renoncé par confort à des idéaux placés bien plus haut qu'une scène de saltimbanque.

— Soit ! Et le dégoût des autres ?

— La lucidité de voir le monde s'effriter autour de moi. Courir à sa destruction à cause de l'avidité de quelques ogres. L'argent roi, le pouvoir assassin, l'extinction à petit feu des valeurs humanistes. La violence ordinaire. La guerre des religions. La peur omniprésente, en Gorgone. L'ultracommunication qui fait de nous des images, des pantins. Des étrons, même, déféqués après avoir été avalés et digérés par les Gargantua du numérique. Intelligence artificielle, mon cul ! On ferait mieux de s'occuper un peu plus de la connerie naturelle. Je te jure que je ne serai pas fâché de quitter cette boule puante que la planète est en train de devenir.

— Je te trouve bien pessimiste, et un peu injuste aussi.

— Et c'est toi qui me dis ça ? Injuste ? S'il y a un mot que tu ne devrais pas employer, c'est bien celui-là.

— Pourquoi ?

— Parce que tes collègues, les autres camardes, m'ont volé tant de mes essentiels. Mes parents, mes meilleurs amis, mon fils. C'est juste, ça ?

— Comme tu l'as écrit plus haut : « On fait notre job ! »

J'ai tiré une longue bouffée de ma cigarette et j'ai essuyé mes yeux.

— Tu pleures ?

— Non, c'est la fumée. Je ne pleure jamais la nuit.

— Allez, on va s'arrêter là. Je sens que le sommeil commence à t'envahir. Il y a quand même une bonne nouvelle dans tout ça : ce soir, je ne suis pas venue te chercher. Ce sera pour une autre fois.

— Quand ?

— Tu ne crois quand même pas que je vais te le dire ?

— Pourquoi pas ?

— Rajoute une lettre aux sept de ta grille de mots croisés. Je suis avant tout ta camarade. Et une bonne camarade, ça ne peut pas spoiler la fin du film à un ami.

— Évidemment.

— Allez, avant de partir, c'est ma tournée ! Tu as encore du temps devant toi. Je t'offre un verre de vie… le dernier pour la route.

— D'accord !

Et, en mémoire de tous ceux qui me manquent tant, j'ai rajouté :

— Alors, juste une larme !

Au moment où je termine ce chapitre dans lequel la mort a été omniprésente, on est le 28 février. Moi qui vois des synchronicités partout, il va falloir désormais que je sois vigilant chaque 28 février.

Va savoir ? Une chance sur trois cent soixante-cinq.

S'il advenait que la date de mon décès soit celle-là, j'aurais enfin la satisfaction posthume de t'avoir convaincu du préécrit et de l'inéluctable.

C'est déjà ça !

— Happy birthday !

COMING-AOÛT

Après Thanatos, Éros.

Les deux acteurs principaux de nos conflits pulsionnels selon ce cher Sigmund. Les faux frères. La mort et l'amour. En élargissant Éros au-delà du simple désir sexuel, je te parlerai dans ce chapitre de l'amour. Pas seulement avec un grand A, mais aussi avec un grand tas. Un tas de nuances. Bien plus de cinquante.

Entre autres, de l'amour de couple à celui de la liberté. De celui qui enfante par fusion à celui qui tue par jalousie. De celui qui incarcère à celui qui pousse à s'évader. De celui qui est autorisé à celui qui est interdit. De l'amour violé. De l'amour indexé sur le confort et l'argent. De l'amour fou à l'amour sage. Et bien sûr de l'amour de soi-même qui dévalue tant celui qu'on pourrait donner à l'autre.

Et donc les multiples peurs que cela engendre.

On était prévenus pourtant !

Cupidon n'a pas un bouquet de fleurs dans les mains. Il a un arc. Une arme. Et ses flèches sont acérées. Il est donc logique que la peur soit omniprésente dans ces rapports-là. Peur d'être seul. Peur de vivre à deux. Peur de rester. Peur de partir. Peur de la nouveauté. Peur de la routine. Peur de la violence. Peur de ne pas plaire et de ne jamais trouver chaussure à son cœur. Peur de trop plaire en risquant le harcèlement, l'agression.

Avec l'émoticône récurrente de nos smartphones. Celle qui a rétréci les manuscrits épistolaires des romantiques d'avant. Qui les a réduits à un simple cœur rouge. Rouge sang. Comme celui qui monte aux tempes en cas de coup de foudre. Mais aussi, comme celui qui coule à chaque crime passionnel. Du lourd. Du très lourd.

Mais je vais débuter par du plus léger : la peur de la première fois.

Hier soir, nous étions une dizaine autour de la table de mon antre, à Martel. Hasard des prénoms, presque une distribution de rôles au cinéma. Vincent, François, Jean-Paul et les autres. Des amis et amies que j'avais conviés à dîner. Une pause entre deux pages d'écriture. Pour la convivialité en priorité, bien sûr, mais aussi avec l'intention de me nourrir d'autre chose que des excellents plats préparés par la cuisinière du jour. D'alimenter mon inspiration d'« écriveur » par les confidences des uns et des autres. Dans chacun de mes livres, la plume, c'est moi, l'encrier, ce sont les autres. Chaque fois que je le peux, je questionne, je sonde, je confesse. Expert en maïeutique.

Parenthèse :

J'ai employé le mot « maïeutique », juste pour emmerder ceux qui me réduisent aux seules paroles futiles des *Balloches à Patoche*, une de mes chansons festives. Ce que c'est que l'amour-propre, quand même ! *Nota bene* quand même pour ceux qui ne le sauraient pas : la maïeutique est l'art d'amener son interlocuteur à découvrir et formuler les vérités qu'il a en lui.

Fin de la parenthèse.

J'ai donc aiguillé la conversation sur le livre que je suis en train d'écrire. Et j'ai demandé à chacun de me parler de sa première expérience sexuelle. En les questionnant surtout sur la peur. Et en donnant la priorité aux femmes.

Sophie m'a dit :

— Oui, j'ai eu peur. Peur d'avoir mal, surtout.

Marine a renchéri :

— Moi aussi. Et j'ai eu raison d'avoir peur parce que ça a été douloureux et complètement raté.

Et puis, Chloé a illuminé l'assistance de son grand sourire.

— Alors moi, pas du tout ! Enfin si… J'ai juste eu peur qu'il ne recommence pas aussitôt tellement ça m'a plu !

Et la conversation a continué à rouler pendant un long moment sur les appréhensions, les plaisirs et les questionnements de ce moment si particulier. Nous en sommes arrivés à la conclusion que la peur, à peu d'exceptions près, était omniprésente. Avec des variantes selon notre sexe. Pour les filles, peur d'être blessée, de tomber enceinte, de ne rien ressentir, de l'avouer à ses parents. Pour les garçons, surtout la peur de ne pas être à la hauteur. Mais pour tous plutôt une peur rose, donc douce-amère. Avec quand même une promesse de plaisir.

On a cependant tous été d'accord sur une différence générationnelle. Celle qui dissocie clairement les ados de mon époque et ceux d'aujourd'hui. Pour moi et ceux de mon temps, c'était la peur de l'« inconnu ». Pour les mômes d'aujourd'hui, c'est la peur du « connu ». En langage actuel : du manque d'infos pour les boomers à une notice trop détaillée pour les djeuns.

J'explique.

Ma génération ne savait pratiquement rien de ce plaisir-là. Si ce n'étaient quelques trous de serrure espions, et des « on m'a dit ». Pas d'éducation sexuelle. Et surtout, pas de pornographie étalée à tout vent comme elle l'est aujourd'hui, entre films et sites spécialisés à la portée de n'importe qui. Alors, que l'on soit fille ou garçon, nous, les anciens, on avançait en territoire inconnu. Avec l'excitation de la découverte. Comme dans une forêt vierge.

Des explorateurs, quoi !

— L'Amazone érogène ! a lancé Gégé, le vanneur en chef de la bande, tout fier de son jeu de mots à deux balles.

— Presque la vraie Amazonie, a renchéri Sylviane, une de mon âge. Parce que vu les forêts touffues de nos minettes de l'époque, pour trouver le chemin, y en a certains qui auraient pu avancer à la machette !

Entre propos égrillards et vraie réflexion, on a continué à affiner notre analyse sur la peur de l'« inconnu » et celle du « connu ».

Martin, le plus jeune de notre troupe d'amis, a dix-huit ans. Il a confirmé cette différence d'approche. Il a reconnu qu'une des appréhensions principales de ceux de son âge était bien ce que j'ai nommé la peur du « connu ». Cette anxiété particulière est celle de ne pas reproduire en intégralité ce qu'ils connaissent de l'acte sexuel à travers les dizaines de fornications sans filtre auxquelles ils ont assisté sur les écrans. Et donc, de ce fait, ils sont bien moins dans la découverte que dans la performance.

Cette nouvelle donne conduit les filles à une exigence de jouissance extrême avec sueur, soupirs, gémissements et obligation de résultat. Du Clara Morgane au meilleur de sa forme. Et pour les garçons, ça les pousse à reproduire toutes les combinaisons érotiques, voire acrobatiques, en s'appliquant surtout à n'en oublier aucune. Genre Rocco Siffredi en moins calibré mais aussi vigoureux.

Et là, Gégé, toujours à l'affût d'une rigolade facile, s'est lâché en imaginant la conversation d'un gamin d'aujourd'hui avec un pote après sa première fois :

— C'était de ouf ! Je lui ai tout fait !

— T'es sûr ?... Même l'éjac faciale ?

— Oh merde ! J'ai oublié... J'y retourne !

Pareil pour les filles :

— Il m'a prise partout.

— Sur la moquette, sur la table ?

— Non, partout dans moi.

— Et t'as joui ?

— Je sais pas, mais j'ai bien hurlé que c'était bon ! Comme quand Sally fait semblant de prendre son pied au restaurant devant Harry !

J'ai profité de la bonne humeur ambiante pour le relancer, le Gégé. Sans savoir que cette relance allait accoucher d'un moment rare en émotion et en gravité. La maïeutique dont je parlais plus haut a été, ce soir-là, totalement calquée sur une des pratiques des philosophes qui l'ont initiée : l'accouchement de la vérité en public.

Merci Socrate ! Et surtout merci Vincent !

J'ai demandé :

— Et toi Gégé, c'était comment ta première fois ?

— Moi, normal… Par contre, j'ai une blague que je dédicace à Vincent et Jean-Charles.

Vincent et Jean-Charles sont un couple d'homosexuels mariés. Des amis très chers bourrés d'humour. Les premiers à rire de la moindre saillie concernant la fratrie LGBT.

Alors Gégé a balancé sa blague :

— C'est un gamin qui dit à son père un peu macho : « Ça y est papa, j'ai fait l'amour pour la première fois ! »

Le père, tout fier, le félicite et lui dit : « J'espère que tu vas vite recommencer. » Et le gamin répond : « Oui, mais quand j'aurais plus mal au cul ! »

Rires gras. Quelques gloussements de pudeur réprobateurs. Et Vincent, entre sourire et gravité, a lancé :

— Elle est très drôle. Ça m'a fait rire. Même si je ne devrais pas… Parce que moi, la première fois, c'est mon père qui m'a violé.

Silence lourd. Très lourd. Interrompu par les excuses de Gégé.

— Je te demande pardon, Vincent. Je savais pas.

— Bien sûr. T'inquiète pas, y a pas de mal !

Pour mettre fin au malaise j'ai dit :

— Bon, on parle d'autre chose !

Vincent a refusé, en souriant triste :

— Non. Ça ne me gêne pas du tout d'en parler. En plus, je te donne l'autorisation de l'écrire dans ton bouquin. Mieux que ça, je te demande de le faire. Peut-être que ça évitera à d'autres gamins de subir cette saloperie.

Et il nous a tout raconté dans silence poignant. Avec des détails sans pudeur que bien sûr je ne te rapporterai pas ici. Mais tu peux les imaginer. Ça avait commencé quand il avait neuf ans par des attouchements. Et puis il y a eu une escalade dans l'ignoble. Jusqu'à un après-midi d'été, l'année de ses douze ans. Son bourreau l'avait entraîné une fois de plus à l'écart dans la campagne sous prétexte de balade pour assouvir son vice. Avec violence. Il était rentré chez sa grand-mère, blessé. En sang.

Elle avait demandé :

— Qu'est-ce qu'il t'est arrivé ?

Il avait menti :

— J'ai voulu passer au-dessus des barbelés.

Elle l'avait longuement regardé dans les yeux et lui avait dit :

— Je ne te crois pas. Approche-toi.

Après l'avoir examiné, la sentence était tombée. Impitoyable :

— On va tout de suite au commissariat porter plainte.

Le père a été arrêté, jugé et condamné à cinq ans de prison ferme.

On dit qu'un silence qui suit du Mozart est encore du Mozart. Le sentiment d'horreur et de dégoût pendant la confession de Vincent a perduré de longues secondes pendant le silence d'après. Et puis chacun de nous y est allé de sa compassion envers Vincent ou de sa colère contre le monstre. Et, bien entendu, les plus sévères s'en sont pris à la justice. Ils trouvaient la peine trop légère par rapport au crime.

Moi-même, j'ai avoué :

— S'il y en a un qui faisait ça à un de mes enfants, je le condamnerais à plus de cinq ans. Plutôt à la vie éternelle de mes propres mains.

— Et tu n'aurais pas peur de la punition, de la prison ?

— Ce ne serait pas une punition, ce serait une récompense !

Vincent m'a relancé :

— Tu peux tout raconter dans ton bouquin. En plus ça collera très bien avec le sujet. Parce que ma peur a été particulière. En fait, au moment où ça se passait, j'avais plus de honte que de peur à proprement parler.

J'étais soumis, résigné. La vraie peur, ça a surtout été après.

— Celle de parler ?

— C'est ça. Et ça va sûrement te paraître bizarre, mais ce que je redoutais le plus, c'était qu'en le dénonçant j'allais l'envoyer en prison. C'est inexplicable et sans doute incompréhensible pour vous, mais malgré le mal qu'il m'avait fait, ça restait quand même mon père.

Pour étayer ce que j'allais raconter dans ce livre, je lui ai demandé :

— Tu aurais un conseil à donner en cas de situation semblable ?

— Évidemment. Il faut parler. Dénoncer. Mais je doute que des mômes susceptibles d'être ces victimes-là lisent ton bouquin. Alors j'ai plutôt un conseil pour les parents, les proches. Soyez toujours en alerte. Essayez de détecter la peur dans le regard de vos mômes. C'est ce qu'a fait ma grand-mère. Et ça m'a sauvé. Je ne la remercierais jamais assez de m'avoir arraché aux griffes de ce salaud.

Alors on a tous levé nos verres à la mémoire de la sainte femme. Le préécrit avait fait que sa camarde personnelle l'avait emportée quelques jours auparavant.

Et puis Vincent a lancé :

— Désolé d'avoir plombé l'ambiance... Gégé, t'as pas une blague bien chaude pour relancer la soirée ?

C'est moi qui ai répondu :

— Moi j'en ai une. Enfin pas vraiment mais ça y ressemble. Je vais vous raconter ma première fois à moi. Ça va vous détendre. Même si je ne suis pas certain d'en sortir grandi.

Et je les ai fait voyager jusqu'aux dunes de Marseillan Plage, dans l'Hérault, l'été de mes treize ans. Il y avait tout. Le soleil couchant, la tendresse, la beauté de ma conquête. Cela va te surprendre par rapport au personnage trivial que j'affiche aujourd'hui, mais l'adolescent que j'étais débordait de romantisme. Eh oui ! j'écrivais des poèmes. J'offrais des roses. J'étais emprunté, délicat, attentionné. Dans mes approches sentimentales, jamais de mots crus.

Comme quoi, hein !

En ce jour d'« inauguration », et en espérance de franchir le pas, la peur était là, bien sûr. Mais c'était surtout celle de choquer ma douce par un comportement trop empressé. Par un geste maladroit, un mot trop explicite. Alors, j'ai multiplié les caresses prudentes et les mots choisis. À l'époque, j'étais fan de Brassens. Donc, pour arriver à mon but, j'ai pioché dans son vocabulaire. Ses mots d'avant. Ses métaphores mythologiques. Au point que, lorsque j'ai considéré qu'il était temps de porter l'estocade, j'ai suggéré :

— Et si on embarquait pour Cythère ?

À cette invitation, ma douce m'a fait un large sourire en guise d'approbation. Et elle a répondu à ma proposition avec un accent chantant du Sud :

— Bien sûr ! Mais tu préfères pas que je te suce avant ?

Voilà pour la parenthèse humoristique pendant ce repas de copains entre convivialité et confessions. Parenthèse, parce que en toute fin de soirée un autre aveu pesant est venu alimenter le sujet de ce chapitre. Il était 2 heures du matin et ne restaient que Vincent, Jean-Charles, Éloïse, une adorable infirmière, et moi. Et encore le récit d'un abus. D'une humiliation. Une torture physique et morale. Sous l'égide d'un cupidon cornu aux pieds fourchus. Diabolique. L'antéchrist de l'amour.

On dit que ce sont les cordonniers les plus mal chaussés. Existe-t-il des cardiologues sans cœur ?

Oui. Éloïse en a croisé un, hélas ! Celui qui a abusé d'elle pendant huit ans en toute impunité dans un hôpital du Sud-Ouest. Il faut préciser que ce n'étaient pas des abus de la même nature que ceux qu'a subis Vincent. Pas de pénétration, pas de fellations imposées. Mais un harcèlement permanent. Des attouchements, des brusqueries vulgaires, une insistance perverse.

Elle raconte :

— Dès qu'il me coinçait quelque part, il m'enserrait, se frottait, me pétrissait, mettait sa main dans ma culotte, se masturbait contre moi.

— Tu n'essayais pas de fuir ?

— Si. Mais il était costaud, c'était très compliqué de s'en détacher. Toutes celles qui ont vécu ça te le diront. On est tétanisées, sans force. Alors je me résignais. Le pire, c'était de vivre avec l'angoisse de ne pas savoir à quel moment il allait se livrer à ce harcèlement. Ça pouvait être à la sortie des toilettes, dans le local au moment où je me changeais, pendant le service de nuit dans l'hôpital quasi désert. Une peur permanente.

Évidemment, la première question que j'ai posée a été :

— Pourquoi tu ne l'as pas dénoncé, pour que tout ça s'arrête ?

Elle m'a expliqué longuement. D'autres infirmières avaient été la proie de la perversion de cet homme. Sans que même ceux qui étaient parfaitement au courant osent en parler. Les victimes se taisaient aussi.

— Pourquoi ?

— Ces gens-là sont des intouchables qui ont tous les pouvoirs.

La première raison du silence était la crainte de la mise à l'écart, bien sûr. D'abord le risque d'être renvoyée de son travail. Et, au-delà, vu les puissantes relations de ce ponte, la perspective d'être blacklistée et empêchée de travailler ailleurs.

J'ai demandé :

— Personne n'a tenté de le balancer quand même ?

— Il y en a une qui a essayé, mais on lui a fait comprendre qu'il valait mieux se taire. Que c'était le pot de terre contre le pot de fer. Comme elle était quand même déterminée, il y a eu de vraies menaces. Alors, par peur, elle s'est tue. Et puis, il y avait une autre raison à cette omerta.

— Laquelle ?

— C'était un chirurgien cardiaque très compétent. Il passait sa vie à sauver celle des autres. Tu imagines le dilemme : en le dénonçant, on ôtait à des malades la possibilité de bénéficier de son excellent savoir-faire. Donc de sauver leur vie. Ça devenait quasiment de la non-assistance à personne en danger.

— Un chantage permanent, quoi !

— C'est ça. Et aujourd'hui encore je suis hantée chaque jour par la honte d'y avoir cédé. Ça m'a détruite. Avec en plus une foule de questions sur moi-même. Sur mes compétences. Est-ce qu'il me gardait à l'hôpital pour la qualité de mon travail ou parce que je ne lui servais qu'à défouler son vice ?

Et là, elle s'est effondrée en pleurs. Le ressac. Quand les souvenirs vous claquent à la gueule comme une vague chargée d'embruns nauséabonds. Vincent l'a prise contre son épaule.

Je lui ai dit :

— Tu as quand même fini par partir.

— Oui, au bout de huit ans. Loin d'un hôpital, dans le libéral.

J'ai lu dans ses yeux la blessure indélébile. J'y ai lu aussi les fêlures de toutes les autres. Toutes ces femmes, et parfois ces hommes, dans tous les milieux, obligés de plier sous le joug d'un dominant, d'un intouchable. D'un salaud immunisé par sa toute-puissance.

Je lui ai proposé :

— Si tu me dis son nom, je le balance dans mon livre.

— Non. Je ne suis pas prête. Mettre ça maintenant sur la place publique, ce serait très violent. Et pour l'instant je ne me sens pas assez forte. C'est encore douloureux, ça me remuerait trop de choses. Plus tard.

— D'accord. C'est toi la victime. Si c'est ton choix, je ne peux que le respecter.

Alors, j'ai eu une idée. À la fois pour tenter d'apaiser sa brûlure et rendre quand même à ce type la monnaie de sa pièce.

Je lui ai demandé :

— Tu connais son adresse ?

— Je peux la trouver. Pourquoi ? Tu veux lui faire du mal ?

— Certainement, mais sans violence physique. Voilà ce qu'on va faire. Quand mon livre va sortir, on va le lui envoyer. En soulignant le passage qui va suivre, que j'écrirai en italiques.

Je ne connais pas encore ton nom, mais je le saurai bientôt. Et ce jour-là, je le dévoilerai au hasard d'une interview ou d'une confidence. À la radio, à la télé, sur les réseaux ou dans un prochain livre. Je ne sais pas encore quand, mais je te promets que je le ferai. À partir du moment où tu liras ces lignes, tu vas avoir une épée de Damoclès au-dessus de toi. Tu sauras que du jour au lendemain tes saloperies étalées au grand jour changeront tous les regards autour de toi. À chaque instant, tu auras la peur de ne pas savoir quand ça va te tomber dessus. La même peur que tu as infligée à ces femmes qui tremblaient de ne pas savoir à quel moment tu allais abuser d'elles.

— Alors, tu en penses quoi ?

Elle m'a regardé avec reconnaissance, et m'a dit, les larmes aux yeux :

— Il me tarde que ton livre sorte. Je suis même capable de le lui porter moi-même.

La moralité de tout ça est qu'il ne faut pas avoir peur de faire payer ces monstres. En sachant cependant que l'épreuve procédurière peut être parfois aussi douloureuse que le mal subi, hélas ! Négation des faits, accusation de consentement, parfois même contre-attaque en diffamation. Et puis les avocats des riches ont la puissance de leurs clients. La peine judiciaire qu'on imagine qu'ils vont prendre est bien souvent peine perdue.

Alors, il reste aussi la solution que j'ai imaginée dans le cas d'Éloïse. Trouver d'une manière ou d'une autre le moyen pour que la peur change de camp. Mais, quoi qu'il en soit, ne jamais accepter que ce genre de crime reste impuni.

Rendre la monnaie de la pièce ne suffit pas. Pour un méfait de cette sorte, la vraie justice c'est de rendre au moins deux fois la valeur de la pièce.

À ce stade, pour être parfaitement équitable, je suis obligé de m'arrêter brièvement sur la peur inverse. Celle, pour tout homme aujourd'hui, de se voir accusé à tort. Ça existe aussi. Par vengeance amoureuse, par besoin de lumière médiatique, certaines femmes surfent sans états d'âme sur la vague #MeeToo. Cette nouvelle peur qui hante beaucoup d'hommes aujourd'hui est justifiée. Parce que même si l'accusé est innocenté, il reste toujours une trace. Une marque à vie. Une fausse accusation n'est pas un égarement de passage. C'est un vrai crime. Avec, bien souvent, la complicité des réseaux sociaux dont je parlerai plus longuement dans un autre chapitre. Alors, pour moi, il faut être aussi intraitable avec les véritables salopards qu'avec les usurpatrices.

Une amie me conseille :

— Tu ne devrais pas écrire ça, Patrick. On va t'accuser de cautionner le harcèlement.

— Je vais l'écrire quand même. Parce que je ne cautionne aucune agression. Je dénonce juste les pseudo-victimes, qui par leurs mensonges font un tort fou aux vraies.

Et quoi que cela me coûte, n'en déplaise aux féministes intégristes, je continuerai à assener que, même s'il y a des brebis galeuses, tous les hommes ne sont pas des salauds et que toutes les femmes ne sont pas des anges.

Allez, on passe à autre chose !

Pour poursuivre, on va oublier le cupidon aux pieds fourchus, pour en revenir à l'autre, l'angelot.

Ah, l'amour ! Le bel amour !

La fusion parfaite. Le Nirvana. Surtout au début. Quand l'autre nous manque même quand il est là. Quand l'écart de sa présence du salon à la cuisine nous semble un continent. Quand on s'aime à s'en user la peau. Quand chacun se noie dans le regard de l'autre. Sans bouée, sans précaution. Quand on se sent siamois. Quand le moindre mot, le moindre souffle nous emplit d'une chaleur animale.

Quand on se jure l'éternité :

— Je ne peux pas te promettre de t'aimer toute ta vie, mais je promets de t'aimer toute la mienne !

Et les peurs qui vont avec, donc. Avec en tête de liste deux craintes majeures. La première est celle de ne pas le trouver, cet amour idyllique. La deuxième, si on a eu la chance de le vivre, est celle de le perdre. Je vais développer ces deux peurs-là. Mais avant, juste une phrase. Elle est encore de Maman :

L'amour, il ne faut pas le chercher. Il faut attendre que ce soit lui qui te trouve.

La peur de ne pas trouver l'amour idéal accouche de bien des errances. D'abord la précipitation qui nous fait nous jeter sur le premier choix. En se disant que si on attend trop on sera obligé de ne se satisfaire que des fins de série. On est jeunes, on y croit. C'est le bon, c'est la bonne. Mais la pérennité de ce premier choix est de plus en plus rare de nos jours, hélas ! En témoigne le nombre de divorces par mariages. Quarante-six pour cent dans le monde.

La faute à quelques erreurs d'aiguillage.

Karine, la quarantaine, déplore :

— J'arrive pas à en choper un ! Enfin, un vrai. Pas un qui veut seulement me sauter.

— Le prince charmant, quoi !

— Prince, c'est pas obligé, mais au moins charmant. Pas trop moche, sympa et un peu friqué quand même. Mais je trouve pas. J'ai beau lancer des lignes, j'arrive pas à attraper le gros poisson. Pourtant, quand j'ai un rendez-vous Tinder, je fais le max. Le maquillage, la coiffure, les fringues. J'assure grave, je te jure. Mais je comprends pas. J'attire que les taches. Faudrait que j'en chope un qui a du fond. Je vais peut-être tenter le Botox !

Poème utile :

Ce n'est point le dehors qui lui donnait du charme
Parce qu'elle privilégiait l'élégance de l'âme
Elle était en haillons, en oripeaux bizarres
Mais portait en dedans une robe du soir

Pareil pour la quête des hommes.

Un bagout de dragueur, une belle voiture
De la fonte levée pour la musculature

Tu trouveras peut-être une peau pour la nuit
Mais probablement pas la femme de ta vie

Mais bon ! Malgré ces fautes d'approche, on finit quand même par se mettre en cage avec l'oiseau ou l'oiselle rare. J'ai employé le mot « cage » à dessein. Parce que c'est très souvent la peur de perdre l'amour de l'autre qui l'enferme. Emprisonné par la possession, la jalousie. Encore une erreur d'aiguillage. Pour moi, l'amour, le vrai, c'est accepter que l'autre soit heureux même en dehors de soi.

Mais hélas ! c'est en ignorant ce concept qu'on en arrive, par lassitude, au mieux au divorce, au pire, par frustration, au crime passionnel. Parce qu'on a oublié que personne n'appartient à personne. Alors, on n'accepte ni la trahison, ni la fuite. Par peur de se retrouver face à son échec. Par orgueil. Pour rester maître du « je ». Dans ce cas, c'est l'*ego* qui tient l'arme.

On ne tue pas par amour de l'autre. On tue d'abord pour l'amour de soi.

D'autres peurs de couple encore.

Celles qui dévaluent le Nirvana du début en exaspération pour cause de cohabitation. Parfois des peurs jumelles. À la fois celle de rester et celle de partir.

Elle s'appelle Laure.

Juste une amie de cœur. Elle s'est réfugiée chez moi un soir d'orage. Pas dehors, la nuit était étoilée. L'orage dans sa tête. Et les yeux qui pleuvent. Juste à côté de son arcade en sang, explosée par la foudre de son compagnon.

J'ai dit :

— Faut pas que tu restes avec ce mec, Laure ! Un jour, il va finir par te massacrer.

— Je sais, Patrick, mais j'ai autant peur de le quitter que de rester avec lui. Il m'aime comme un fou. Si je pars ce sera pire. Il me retrouvera et là il me fera vraiment du mal.

— Il t'en fait déjà beaucoup trop.

— Il me fait du bien aussi.

J'ai explosé tendrement.

— Eh bien retourne te faire tabasser ! Je connais l'histoire, tu me l'as déjà jouée dix fois. Tu vas rentrer, il va s'excuser à genoux. Tu lui pardonneras. Et vous allez faire un amour torride dont la jouissance sera justement multipliée par ta peur. Je me trompe ?

— Non.

Elle est rentrée. Tout s'est passé comme prévu. Et deux fois encore, elle reviendra, blessée, pleuvoir sur mon épaule. Et finalement, quelques mois plus tard, c'est lui qui la quittera. Comme on jette un jouet qui ne nous amuse plus.

Mon conseil, madame ?

N'accepte jamais d'être un jouet.

Entre deux peurs, choisis celle de partir. Quelles que soient les conséquences. Je sais, certaines restent aussi pour la sécurité matérielle. Mais la peur de l'inconnu est toujours préférable à celle du certain. Dans une cellule, on ne voit que des bouts de ciel. Et si ce ciel veut te faire un gros cadeau, ça ne passera pas à travers les barreaux. La peur de changer de vie est une des maladies les plus virales de notre époque.

Le meilleur anticorps à cette peur-là, c'est la liberté.

La liberté absolue n'existe pas. La liberté, c'est de choisir sa cage. Et il vaut toujours mieux être enfermé dehors que dedans. Ne serait-ce que pour profiter du soleil. Même en cas de ciel bas, il y a toujours la possibilité d'un rayon providentiel.

Pour établir une honnête parité, tu noteras la violence inverse. Quand c'est l'homme qui la subit. Beaucoup plus rare mais qui existe aussi. Celle que m'a confessée un ami ainsi :

— Elle aurait dû s'en aller à la première gifle… Ça lui aurait évité de m'en donner une deuxième !

La peur de partir ne se nourrit pas que de la violence, hélas !

Madame d'abord. Combien sont-elles clouées au foyer conjugal par la routine, le train-train, les habitudes, le confort relatif ? Abordant tout juste la trentaine et déjà vieilles. Esclaves de leurs marmots. De leurs maris hyperactifs mais bloqués à l'adolescence entre jeux vidéo et blogs de révoltes de canapé. Hébétés, avachis, le nugget dans une main, le coca dans l'autre. Poltron et soda ! Et voilà !

Lui pareil. Anesthésié. Ses souvenirs-photos de liberté entre potes épinglés en magnets sur la porte du frigo qui lui a fait prendre dix kilos. Les deux englués dans le même ennui confortable. Obligés d'accepter les exigences de l'autre à contrecœur et parfois à contre-corps. La migraine ou le surmenage au boulot en excuse d'une libido en berne. Ils ne dorment plus enlacés comme au début du Nirvana. Chacun sa moitié de lit. Chacun sa moitié de rêve. Surtout des rêves d'indépendance.

Mais la plupart du temps, ce qui les empêche de prendre leur envol, c'est encore une autre peur. Celle de la solitude. Sans s'avouer qu'ils sont déjà seuls. Ce qu'avait très bien imagé le grand Serge Lama dans une de ses plus belles chansons :

Seul, tout seul, pas plus que ceux qui sont cocus et qui se taisent
Pour ne pas couper en deux la table, l'armoire, les deux chaises.

L'adage dit qu'il vaut mieux être seul que mal accompagné. Il ment un peu. On peut être seul et encore plus mal accompagné. Quand on ne s'entend plus avec soi-même. Quand nos errances, nos remords, nos culpabilités ou nos lâchetés nous font baisser les yeux, en tête à tête avec nous-mêmes dans nos miroirs.

Ce n'est pas mon cas. La solitude a toujours été ma compagne préférée. Je n'en ai jamais eu peur. Parce que je suis en parfait accord avec moi-même. Autant avec mes qualités qu'avec mes défauts. On peut mentir aux autres, l'essentiel est de ne pas se mentir à soi-même. Et dans ce cas-là, la solitude est tout sauf effrayante. Elle est même rassurante. Loin du jugement des autres, de leur tentative de vous faire devenir différent, de vous insérer dans leurs codes de vie à eux. Au mépris de vos envies propres, de vos manies, de vos habitudes avouables ou pas.

La solitude est certainement la forme la plus aboutie de la liberté.

Et je suis bien placé pour en parler. À l'époque, j'ai été le plus jeune marié de France. J'avais seize ans. Et j'ai vécu en couple non-stop toute ma vie. Je ne suis séparé que depuis trois ans. Une séparation exemplaire. Avec Nana, nous sommes encore mariés mais nous avons repris chacun notre liberté. Notre solitude agrémentée. Un amour-amitié où aucun de nous deux n'empiète sur le cœur de l'autre. Chacun sa maison, ses repas, ses sommeils, ses réveils. Chacun ses loisirs sans se plier au désir de l'autre. Chacun sa solitude épicée. Sans la fadeur des habitudes.

Je dois t'avouer qu'il m'arrive parfois de me dire : mais pourquoi ne l'ai-je pas fait plus tôt ? Si cela avait été le cas, en plus de cinquante ans de vie en couple, Dieu que j'en aurais éliminé des contrariétés ! Bien sûr, je me serais privé des réconforts, des partages idylliques, des mots doux, des soutiens indéfectibles. Mais j'aurais aussi évité les mots durs, les inquisitions, les scènes de ménage. Et surtout, oh oui surtout ! les reproches. Les métastases du couple. À égale intensité que ça vienne de l'un ou de l'autre.

Pourquoi tu fais ça ? Pourquoi tu ne le fais pas ? Pourquoi tu ne me parles pas ? Pourquoi tu me parles ? T'as vu l'heure ? T'étais où ? Range tes fringues. T'es bien comme ta mère. Change de chaîne. Change de tee-shirt. Change de coiffure. Mets pas cette robe. T'as grossi, non ? C'est encore toi qui as laissé le frigo ouvert. J'aime pas tes copains. J'aime pas ta copine.

Et bien sûr, le célèbre : « Moi, à ta place… »

Il est bien là, le problème. On n'est pas à la place de celui ou celle qui partage notre vie. On est à la nôtre.

Vivre en couple, c'est être assis sur un fauteuil à une place avec l'autre sur les genoux.

Loin de moi l'idée de t'instiller la peur de vivre à deux. Il y a dans la vie en couple des centaines de plaisirs, de satisfactions, de beaux partages que je n'ai pas la place d'énumérer ici. Mon intention n'est pas de te décourager de la vie en cocon, corps à corps, cœur à cœur. Non. Je veux juste tenter d'atténuer ta peur de la solitude.

Quand je vais avoir fini d'écrire ce chapitre, je vais me faire couler un café sans entendre :

— À 3 heures du matin ? Tu devrais éviter.

Je vais allumer ma cigarette sans être obligé d'aller me geler dehors pour la fumer. Je vais regarder un film de Gabin en noir et blanc sans passer pour un vieux ringard. Envoyer un message tendre de bonne nuit à une ex-amoureuse. Enfiler mon vieux tee-shirt pourri, mon préféré. Allumer toutes les lumières de la chambre sans craindre de réveiller qui que ce soit. Et m'allonger de mon côté du lit. À droite toujours, et serré au bord.

Et là, penché sur mon épaule, l'ange gardien de mes contradictions me soufflera :

— En laissant inconsciemment une grande place vide à ta gauche, tu ne serais pas, sans oser te l'avouer, en attente d'une prochaine ?

— Va savoir ?

J'en doute quand même. À mon âge, comme on dit à un quêteur : « J'ai déjà donné. »

Logique.

Moins logique, un nouveau phénomène de société qui se développe de plus en plus. Ce sont des jeunes qui ont éradiqué la peur de vivre seul parce qu'elle a été supplantée par une autre. Une peur exclusivement masculine : celle des femmes.

Beaucoup de garçons avec lesquels je m'entretiens sont passés de l'amante à la mante. Cet insecte dont la femelle dévore son mâle. Et la crainte qui va avec. Les retombées de l'explosion de #MeeToo. Ce mouvement de sauvegarde des femmes est pour moi une avancée indiscutable sur le chemin de la dignité humaine. Mais les corollaires de ses excès intégristes en sont souvent castrateurs. Handicapants à la fois pour les garçons et pour les filles.

Le garçon se confie à moi :

— On n'ose plus vraiment draguer. Attention, pas harceler ! Non, juste tenter notre chance sans trivialité. On a peur que la moindre proposition, le moindre effleurement soit classé comme une agression.

La fille confirme :

— Effectivement, on ne se fait pratiquement plus draguer. Alors, c'est très bien parce que ça éloigne les relous et les pervers. Mais même les « normaux » ne nous sollicitent plus comme avant.

Résultat : une méfiance latente permanente. Et une société qui renvoie dos à dos des êtres qui préféreraient des face-à-face. Et donc, par ricochet, ce sont ces nouveaux codes de bonne conduite qui les poussent à vivre seuls. Par contrainte et non par choix, hélas !

À noter que, hormis ces nouvelles solitudes qu'a fabriquées cette peur, cela a créé une échappatoire nouvelle : la pansexualité.

Pour aérer, une petite parenthèse fantaisie volée sur le Net :

Pansexuel : aime tout le monde.

Panpansexuel : aime la fessée.

Panpanpansexuel : aime les cow-boys.

Panpanpanpansexuel : aime Beethoven.

Panpanpanpanpanpanpanpanpanpanpanpansexuel : aime Star Wars.

Aujourd'hui, de plus en plus de personnes du même sexe choisissent de cohabiter. Et parfois, étonnamment, sans appétence sexuelle particulière. Presque un contresens par rapport au vocable « pansexuel » qui les définit.

Elle s'appelle Manon.

Une amie de cœur et parfois de draps. Elle a la trentaine épanouie. Jolie, libérée, active, sportive, réfléchie. L'archétype de la femme idéale. Hétérosexuelle très accomplie, il y a quelques années elle est partie en vacances avec une amie. Au retour, elle m'a avoué avoir décidé de se mettre en couple avec elle. Elle ne m'avait jamais fait part de la moindre attirance pour les femmes.

Alors, très surpris, j'ai demandé :

— Une révélation ?

— Pas vraiment. Je ne pense pas être totalement lesbienne, mais j'ai trouvé un être qui me correspond. Avec laquelle je suis dans le partage, l'émotion, le plaisir. Elle, c'est une vraie. Une pure et dure. Et on s'aime. Chacune à sa façon.

J'en étais très heureux pour elle. Avec une pointe de frustration quand même.

— Donc, si j'ai bien compris, Manon, on dit adieu à nos petites parenthèses ?

— Bien sûr que non. Tu sais bien que notre lien épisodique va bien au-delà d'un câlin d'occasion. Mais au quotidien, cette relation avec elle me rassure. Et puis c'est devenu tellement compliqué avec les hommes. Ils nous craignent. On n'arrive pas à savoir ce qu'ils cherchent vraiment. Un sex-toy ? Une compagne ? Une mère ? Je me demande même s'ils le savent eux-mêmes.

Elle a ajouté :

— Et en plus, ceux qui vaudraient vraiment la peine sont déjà pris !

— Comme les soldes, quoi ! Si t'es pas collé à la porte d'entrée du magasin quand ça ouvre, tu te fais piquer les meilleures occases !

— C'est ça !

On a ri. Et puis on a fait un amour tendre. Sans promesse, sans exclusivité, le plus vivifiant. Et pendant la cigarette d'après, j'ai demandé :

— Tes parents l'ont pris comment ?

— Au début pas trop bien. Mais ça s'est vite arrangé. Tu sais, aujourd'hui, les mentalités ont évolué.

C'est vrai. Mais, pour moi, pas encore suffisamment. Ce qui me conduit à évoquer une dernière peur pour clore ce chapitre. Celle d'avouer sa différence. Au passage, cela me permettra de justifier le titre « Coming-août » qui a dû te paraître énigmatique.

Ce jeu de mots, je le dois à un artiste célèbre que j'ai croisé un soir dans une boîte libertine. Avachi au bar, il buvait son dernier whisky. Je me suis approché de lui, curieux. Sa réputation de tombeur de filles était indiscutable. Un don Juan adoubé par les multiples couvertures de journaux people au bras des plus belles. Mais, voilà ! quelques minutes plus tôt je l'avais surpris dans un recoin occupé à donner du plaisir à un pompier ravi non seulement du savoir-faire, mais surtout de la célébrité de celui qui le gâtait de sa bouche.

L'artiste, qui avait très bien saisi que je l'avais observé, m'a fait un grand sourire.

— Eh oui, Patrick ! je fais plus de films sérieux que de comédies, mais là, comme tu as pu t'en apercevoir, je suis un humoriste à temps plein : drôle et gay !

— Je m'attendais pas à ça !

— Figure-toi que moi non plus ! Ça m'est tombé dessus il y a un an par hasard. Le plus surprenant, c'est que non seulement j'en ai pas honte, mais j'ai envie de le dire à tout le monde.

— Un coming-out ?

— Plutôt un « coming-août ». J'arrive bientôt à l'automne de ma vie, ça offrirait un rayon de soleil d'été à ma conscience.

J'ai applaudi la métaphore de l'homme d'esprit. Et on a continué la conversation. On était d'accord sur une des clés du bonheur que je t'ai expliquée plus haut : être en accord avec soi-même. Et ce « coming-août » était pour lui l'occasion de l'être totalement. Je lui ai quand même fait remarquer :

— Dans ton public, il y a une majorité de femmes, dont beaucoup sont carrément amoureuses de toi. Tu n'as pas peur d'en perdre un bon paquet ?

— Attention, je ne suis pas complètement homo, je reste bisexuel.

— Et alors ?

— Michou était complètement pédé, son cabaret faisait le plein. Au théâtre, je suis sûr de faire au moins une demi-salle !

Et là, mon lecteur ou ma lectrice adoré(e), je sais que tu cherches l'identité ce cet artiste. En assemblant le puzzle. Acteur de cinéma et de théâtre célèbre. Homme d'esprit. Jouant plus de drames que de comédies. Séducteur invétéré. Eh non ! je ne te le dirai pas. Tant qu'il n'a pas lui-même fait le « coming-août » annoncé, hors de question de le précéder dans les aveux.

Pas plus que je te dirai le nom de cet autre artiste, un chanteur cette fois, à deux doigts de faire ce que je peux appeler un « coming-in », mais qui n'a pas encore osé. Une icône LGBT, qui m'a confié être devenu un hétéro farouche. Et depuis longtemps. Encore à cause d'une peur. À l'époque, il y a presque quarante ans, effrayé par l'hécatombe qu'avait causée le sida parmi ses amis, il a abandonné ses penchants. C'est d'ailleurs amusant de constater que, malgré son changement de casaque, ce « jockey » reste aujourd'hui pour le public dans le peloton de tête des homos assumés célèbres.

Cet anonymat protégé, c'est un peu un teasing des prochains chapitres. Je vais y parler, entre autres, des peurs engendrées par l'ultracommunication. La transparence obligatoire. Télé, infos, films, pubs, et bien sûr réseaux sociaux sur lesquels, justement, l'anonymat est générateur de bien des angoisses.

Un dernier aveu pour conclure vraiment ce chapitre : Vincent et Jean-Charles ne sont pas les vrais prénoms de mes amis homosexuels. Quand je leur ai annoncé que je ne dévoilerais pas leur véritable identité dans ce livre, Vincent m'a dit :

— Pourquoi ? Ça ne nous gêne pas. On n'a pas peur de montrer ce qu'on est !

J'ai argumenté :

— Oui, mais tu sais, dans la société d'aujourd'hui, ça peut être dangereux. Il y en a encore beaucoup plus qu'on croit qui trouvent l'homosexualité amorale.

Il a souri :

— Ils ne sont pas tombés bien loin. On n'est pas amoraux, on est amoureux !

Et Jean-Charles a ajouté :

— C'est vrai qu'on a encore des appréhensions. Mais c'est pas la morale qui nous fait peur. C'est son bras armé : la bêtise.

AERYS

Ça ne pouvait pas mieux tomber !

Au moment où j'allais attaquer ce chapitre consacré à la peur que nous distillent les médias, ma télé de 20 heures lançait le premier épisode de la série *French Warrior*. Le président en gros plan, le visage grave. Et la provoc à Poutine, façon *Tontons flingueurs*, un de ses films préférés :

— Il connaît pas Manu, le Ruskof ! Parce que moi, quand on m'en fait trop, j'discute plus. J'disperse ! J'ventile ! On va l'retrouver éparpillé aux quatre coins d'l'Europe, façon puzzle. Comment que j'vais l'renvoyer au terminus des prétentieux, le gugusse de Saint-Pétersbourg !

Vladimir lui a répondu :

— *Sruellia reuojav ! Sioluag titpel dnerp sikikruop ?*

— Désolé, je ne parle pas le russe.

— C'est pas du russe.

— Du letton alors ?

— Non plus. À lire de droite à gauche. C'est du français par-derrière. Histoire de te faire comprendre où j'me les carre tes menaces !

De gauche à droite :

— Pour ki ki s'prend le p'tit Gaulois ? Va jouer ailleurs !

N'empêche qu'il a foutu la trouille à tout le monde, le minikeum à Bribri.

Tendu, crispé, alarmiste. Avec l'œil noir du maton qui vient de s'apercevoir que Salah Abdeslam s'est fait la malle. Gaullien, avec un vieux relent d'appel du 18-Juin. Les Français parlent aux Français. Et depuis, une menace sournoise plane dans l'air comme un nuage d'aérosol. Aux machines à café, ça parle de guerre mondiale, de service militaire, de mobilisation. Pas une réelle grosse inquiétude mais un sentiment diffus d'incertitude pour les plus raisonnables.

Pour les plus paranos, des pronostics d'invasion. Ils voient déjà les ballets du Bolchoï squatter le plateau de *Danse avec les stars.* Les bruits de bottes sur les Champs-Élysées. La vodka obligatoire, le péage en roubles. Et peut-être même la neige sur la place de la Concorde.

— Ils seraient bien capables de nous importer leur hiver, ces cons-là !

Et la pénurie bien sûr. Donc, déjà quelques razzias dans les magasins. Pâtes, sucre, conserves. Et bien entendu le sacro-saint papier-toilette. Comme me l'a imagé un ami trivial :

— En cas de panique injustifiée, le chiffre d'affaires de la maison Lotus, c'est le meilleur moyen de recenser les trous-du-cul !

Peut-être que cette menace a des raisons d'être, mais, pour moi, cette alerte a été un peu surjouée. Anticipée surtout. Mais à dessein, évidemment. Pour commencer à habituer les Français à des impôts supplémentaires. La force militaire européenne doit se renforcer. Donc, il va falloir passer à la caisse. C'est pour votre bien. Ben voyons ! Un prélèvement obligatoire avec la peur comme caution. Classique.

Ça, c'est au premier plan. Mais, je me suis demandé : est-ce que dans le discours de « Manu-la-menace », il n'y aurait pas autre chose de bien plus personnel ?

Alors, j'ai pris la route du Cantal pour aller passer une soirée avec mon « indic ». Un ami de longue date. Un de ces personnages atypiques au langage audiardesque très fleuri dont le jugement de valeur est toujours extrêmement lucide. Chaque fois que je veux approfondir mon analyse sur le monde qui nous entoure, je vais partager son vin, ses truffes, son saint-nectaire, son intelligence et sa sagesse.

Il s'appelle Aerys.

Enfin, de son vrai prénom Pierre-Alain. Ce sont ses potes qui l'ont affublé de ce surnom. En référence à Aerys II Targaryen, le « roi fou » de *Game of Throne*. Ses amis n'ont pas attribué cet avatar à Pierre-Alain pour la cruauté. Il est tout le contraire. Doux, posé, bienveillant. Mais le roi Aerys II portait les cheveux et les ongles démesurément longs. Le look de Pierre-Alain quand il était étudiant, en soixante-huit. Look qu'il a conservé un demi-siècle plus tard. Comme ses convictions.

Comme beaucoup, après la « révolution » de 68, il est parti vivre son *peace and love* en province profonde entre fromage de chèvre et macramé. Une mode qui a peu duré pour la majorité d'entre eux. La plupart de ces babas cool sont vite revenus à la civilisation. Ils ont rangé leurs idéaux, leurs colliers de fleurs et leurs solidarités caritatives dans un coffre de banque. Certains sont même devenus actionnaires de ces banques. Comme quoi, hein !

La conscience humaine est esclave de ses contradictions. Elle peut évoluer sans états d'âme du bénévolat aux bénéfices. Avec le slogan des bobos qui sont passés allégrement du « maoïsme » au « moi aussi » : « Sous les pavés, la marge ! »

Aerys, lui, n'a rien renié. J'adore passer de temps en temps des soirées avec lui dans sa fermette isolée. Il y vit à la fois au plus loin et au plus proche de la civilisation. Un paradoxe sur pieds. Bon vivant, un peu braconnier, randonneur, en contact permanent avec la nature. Et, en totale opposition à sa vie presque monacale, il est branché H 24 par portable et ordinateur sur le monde numérique. C'est cette ambivalence qui fait que son regard sur le monde est toujours d'une justesse enrichissante. Avec la faculté aiguë de toujours voir au-delà de l'évidence.

Il a confirmé mon ressenti sur la posture de Macron :

— Un va-t-en-guerre de circonstance ! Avec un ton suffisamment anxiogène pour justifier la ponction de thunes démesurée qui va nous tomber sur la gueule en taxes et impôts divers.

— C'est tout ?

— Bien sûr que non. Tu me connais, je renifle toujours l'arrière-plan.

— Lequel, pour toi ?

— Un calcul d'ambition intime ordinaire. Ce mec est encore jeune. À quarante-sept piges, il ne peut pas en rester là. Il a eu la totale. Au-dessus de roi de France, y a rien. Pour lui, dans deux ans, l'escalade est finie. Il ne va pas partir à la pêche, papa ! Avec maman qui le suit en bottes Aigle en guise d'escarpins, la boîte d'asticots et l'épuisette dans les mains manucurées ! Impossible.

— Tu vois, c'est exactement ce que je pressentais. Je voulais que tu me le confirmes.

— Eh ben, c'est fait ! Pour moi, aujourd'hui, y a qu'un truc qui peut le faire vraiment bander : président de l'Europe. Je suis persuadé qu'il ne rêve que de ça. Même quand il se rase pas. Et là, il pose les jalons. Il piaille du plus fort qu'il peut en espérant rejoindre les deux vautours là-haut, Vlad et Donald. Bon, c'est pas gagné mais pourquoi pas ? Quoi qu'il en soit, ça ne nous en empêchera pas.

— Ça nous empêchera pas de quoi ?

Il s'est fendu d'un large sourire et a lâché :

— De manger notre omelette aux cèpes.

Et il s'est levé pour aller la préparer. « Printemps », sa chienne fidèle, est venue me lécher la main. C'est là qu'il m'a demandé :

— Pour en revenir à Vladimir, Donald et compagnie, tu connais la différence entre les animaux et les hommes ?

— Non, vas-y !

— Les animaux ne prennent jamais le plus con comme chef de meute ! Surtout un con dangereux. C'est bien pour ça que ça me fait peur.

Et Dieu sait s'il la connaît bien la peur, mon Aerys ! Hélas !

Elle est à l'origine des deux drames de sa vie.

D'abord la perte de Dalhia, sa compagne, emportée par un cancer qu'on aurait pu soigner. Intransigeante sur sa méfiance envers la société de consommation, elle était en guerre contre les laboratoires. Pour elle, des marchands sans foi ni loi. Sa peur des substances chimiques l'a poussée exclusivement vers des thérapies hasardeuses, hélas ! De séances d'hypnose en phytothérapie dont elle élaborait elle-même les mixtures. Elle n'est pas morte de ça, mais ça a joué.

Le deuxième drame d'Aerys est aussi lié à la peur. Mais cette fois, une peur universelle. Celle que déversent sur la planète les entreprises terroristes. Leur arme absolue. Leur raison de vivre et de mourir en martyrs. Aerys n'était jamais entré jusque-là dans les détails de ce drame. Il l'a fait ce soir-là. Jasmine, sa petite-fille, était en terrasse d'un bar voisin du Bataclan, le soir du 13 novembre 2015. Elle n'a pas été blessée dans son corps, mais profondément détruite psychologiquement.

Il se confie :

— Elle a entendu les rafales et elle a vu passer des gens qui couraient, blessés ou hébétés. Alors, par peur, elle a fui elle aussi.

— C'est normal. J'aurais fait pareil.

— Avec le recul, pour elle, ça ne l'était pas. Elle s'en est voulu de ne pas avoir eu le courage de rester pour aider, secourir. Cette culpabilité ajoutée à la vision d'horreur l'a complètement chamboulée. De nuits blanches en flashes obsessionnels, sa vie a basculé. Elle a fait une fausse couche dont elle a rendu sa « lâcheté » responsable. Comme si le ciel l'avait punie de sa fuite. Et ça, c'est impossible puisque Dieu n'existe pas.

Il s'est servi un verre, l'a bu, et a poursuivi :

— Elle a abandonné Paris, son emploi et même celui qui partageait sa vie. Aujourd'hui, entre antidépresseurs et séjour en HP, elle essaie de reconstituer un puzzle dont je crains qu'elle ne trouve pas la clé.

— Tu l'aurais, la clé, toi ?

— Peut-être. Mais elle ne veut pas l'entendre.

— C'est quoi ?

— Revenir sur les lieux. Ne pas diaboliser sa peur mais l'affronter de face. Mais elle n'en a pas le courage.

Je connais bien ça. Je n'appelle pas ça du courage mais un réflexe de survie. Le Novotel de Montpellier dans lequel le téléphone a sonné pour m'apprendre la mort de mon fils, j'aurais dû le fuir, le maudire. Tout le monde me conseillait d'en partir loin. J'ai fait le contraire. Le soir même, je suis revenu y dormir. Pour exorciser. Pour affronter ma peur les armes à la main. Quelles armes ? La volonté de ne pas être le domestique de cette peur mais son maître. La certitude qu'on ne peut pas parler de défaite tant qu'on n'a pas combattu. Et, en la défiant, entretenir la seule flamme qui réchauffe plus qu'elle ne brûle : l'espoir.

La peur, c'est un chien qui aboie. Mais rien ne dit qu'il va mordre.

La conversation avec Aerys s'est poursuivie autour de la journée sanglante du 13 novembre 2015. Peut-être celle où le célèbre « La France a peur ! », lancé par Roger Gicquel en ouverture de journal le 18 février 1976, aurait été encore plus approprié.

J'étais à Paris ce jour de novembre 2015, et j'ai eu comme un pressentiment. Une appréhension prémonitoire. Au point d'hésiter à honorer un engagement d'apparition en public. Je devais participer en guest star à l'inauguration du marché de Noël sur les Champs-Élysées aux côtés d'autres personnalités. Depuis les attentats de *Charlie-Hebdo*, il flottait sur chaque événement public un sentiment de terreur rentrée. Une anxiété diffuse.

Au moment d'y aller, j'ai dit à Nana :

— Je le sens pas bien ce truc. Les Champs-Élysées, Kenji superstar, la maire de Paris, moi. Si des terroristes voulaient faire un carton ce serait l'idéal, symboliquement.

J'y suis allé quand même. On a effectivement remonté les Champs étouffés par une foule enthousiaste. Mais je t'avoue que j'avais toujours en arrière-pensée la crainte de voir surgir des fous qui auraient tiré dans le tas. Au point qu'à la fin du parcours j'ai confié à Anne Hidalgo qui avançait à mon bras :

— Je suis soulagé que ça se soit bien passé. J'avais un peu peur des dingues.

— Moi aussi, ça m'arrive souvent. Mais bon, maintenant il faut faire avec. Si on passe son temps à imaginer le pire, on ne vit plus. En tout cas, merci d'être venu. C'était une belle journée.

Quand on connaît la suite, le « c'était une belle journée » dans la bouche de la maire de Paris résonne terriblement. En même temps, c'est un marqueur qui devrait nous pousser à vivre pleinement l'instant présent. Le pire est toujours possible, mais pourquoi se gâcher le meilleur en l'anticipant ?

Cette nuit-là a été cauchemardesque. Quand je suis rentré de mon bureau à 2 heures du matin, du boulevard Malesherbes à Boulogne, j'ai traversé un Paris désert comme jamais. C'est la seule fois de ma vie où j'ai ressenti une peur aussi palpable. Le silence pesant, les rues vides. En une dizaine de kilomètres, je n'ai croisé absolument personne sur les trottoirs.

Elle est là, la vraie victoire des terroristes. Au-delà du massacre abominable, ils nous inoculent le venin de l'angoisse. Et ce poison stagne longtemps. Le pire, c'est que la médiatisation à outrance est tout sauf un antidote. Alors d'accord, il faut informer, expliquer. Mais le déferlement d'images, de débats, de déclarations, de témoignages, c'est arroser la graine qu'ils ont semée. Si tu y ajoutes les commémorations, les hommages, les documentaires, les fictions qu'on va tirer plus tard de l'événement, on parfait à merveille l'œuvre immonde de ces salopards.

Ce que m'a très bien résumé Aerys :

— Tu te rends compte ! Tu lances un produit pour nuire à des gens et c'est eux-mêmes qui en font la com !

Il ne m'a rien appris. J'en avais conscience depuis longtemps. C'est d'ailleurs certainement pour ça qu'en arrivant chez moi à Boulogne, en cette nuit tragique, m'est venue une idée totalement saugrenue, mais que j'ai voulu soumettre immédiatement à celui avec lequel j'avais échangé quelques SMS depuis le début du drame : le président de la République, François Hollande.

Dans la soirée, on s'était envoyé quelques messages où on partageait notre compassion et notre horreur devant le massacre. Je lui avais souhaité du courage. Parce que même s'il n'était pas responsable, il était capitaine du bateau France qui venait de se faire éperonner. Je savais que mon raisonnement était non seulement aberrant, mais certainement inaudible dans ces circonstances, mais je le lui ai soumis quand même.

Il se trouvait que le lendemain, le 14 novembre, était programmée à la télé une grande émission festive préenregistrée à l'occasion de mon anniversaire. *Ze Fiesta.* Un délire coloré plein de rires, de déguisements, de chansons et de convivialité. La belle vie, quoi ! Du bonheur, de l'insouciance. L'exact contraire de la torpeur et de la détresse qui venaient de s'abattre sur le pays.

Alors, bien sûr, la décision a été prise immédiatement de reporter la diffusion de la fête à une date ultérieure. On ne danse pas sur des cadavres. La tristesse, le respect, le deuil ne pouvaient en aucun cas céder la place au festif. Ça, c'est le premier réflexe médiatique que j'ai initié et que j'ai partagé avec tous ceux qui m'entouraient.

C'est d'ailleurs moi qui ai appelé tout de suite les responsables de France 2 :

— Hors de question de diffuser. On remet ça à bien plus tard.

— Bien sûr, Patrick. On avait déjà pris la décision. On va faire une émission spéciale attentat, tu t'en doutes.

Une évidence.

Le contrecoup du lendemain. Les images H 24 du massacre en boucle. Les cris, les larmes, les détonations. L'horreur. Le dévouement des policiers et des secouristes malgré le danger. Les témoignages de journalistes, politiques et autres peoples venant afficher leur indignation, leur compassion et leurs analyses. Et de l'autre côté de l'écran une France abasourdie et apeurée.

Oui, mais hélas ! bingo supplémentaire pour les terroristes. Par écran interposé, ça allait maintenir tout le pays sous la cloche de l'angoisse qu'ils avaient souhaitée. C'est pour ça que, d'un coup, ma conscience m'a suggéré autre chose que l'évidence. Comme le fait Aerys quand il voit au-delà du premier plan. Parce que, en fait, renoncer à fêter de nouveau la vie, c'était cautionner la mort. Alors, bien sûr, il y avait la décence du temps du deuil. Les corps à peine refroidis. Mais justement n'aurait-il pas été plus fort de montrer tout de suite que la terreur ne pouvait rien contre la vie ? C'est-à-dire diffuser quand même l'émission de fête ?

Quand j'ai soumis par SMS l'idée au président, je m'attendais à une réponse grave, probablement réprobatrice. Que c'était déplacé, voire honteux.

Étonnamment, il m'a répondu :

— Pourquoi pas ? Mais en en parlant.

On ne l'a pas fait, évidemment.

Après réflexion, la décence nous l'interdisait. La charge émotionnelle était trop forte. Mais la réponse du président m'a démontré que cet homme était capable de surmonter les évidences. Ça ne remettait en question ni sa compassion ni son sens du devoir. Mais cela prouvait que sa conscience pouvait aller au-delà du premier plan. Et ça, quoi qu'on puisse penser des carences et des égarements ultérieurs de cet homme, c'est un vrai signe d'intelligence.

Quand j'ai raconté ça à Aerys, son jugement a été net :

— Effectivement, diffuser quand même cette émission joyeuse en plein cauchemar, comme tu l'as dit, c'était aberrant, inaudible sous le coup d'une telle émotion. Même si, effectivement, ça aurait démontré aux barbares que la puissance de la vie était plus forte que celle de leur terreur.

Et, fidèle à sa lucidité, il a ajouté :

— C'est un peu comme si, toutes proportions gardées bien entendu, on suggérait comme solution au Proche-Orient le pardon mutuel et définitif entre Israël et Palestine. C'est totalement inenvisageable. Et de la même manière aberrant et inaudible. Et pourtant, tu imagines, si un tel pacte avait été scellé depuis des années, le nombre de morts qu'on aurait évités !

— Évidemment.

Même la plus légitime des évidences n'en est pas forcément une.

Et on a continué à parler de la peur. En déviant sur celle qui conditionne nos choix électoraux. L'outil indispensable à tous les partis politiques de notre pays. J'ai bien écrit tous, et pas seulement les extrêmes. L'étendard sans gland est levé. Sans gland et sans couilles. Celui qui émascule les volontés. Celui qui pousse aux urnes plus par crainte de la victoire du camp qu'on exècre que par conviction pour le sien. Et là encore avec la complicité des médias faiseurs ou déconstructeurs d'opinions.

Ça a été flagrant aux dernières élections législatives. Des chiraquiens qui ont voté RN. En oubliant que le grand Jacques avait toujours fait de Le Pen son ennemi juré. Les suiveurs de Glucksmann, devenus les soutiens d'une gauche acoquinée aux plus radicaux des mélenchonistes. En oubliant l'antisémitisme affiché à l'occasion de la riposte aux attentats du Hamas d'octobre 2023. Hallucinant d'opportunisme !

Une de mes voisines lotoises n'a de cesse de se plaindre des djellabas qui fleurissent aux abords de la mosquée de Souillac.

Je lui ai demandé :

— Tu vas voter RN, bien sûr ?

— Ah non ! c'est des fachos. D'accord, comme moi, ils veulent moins d'Arabes, mais je ne veux pas un Hitler au pouvoir.

Comme si Bardella, une fois élu, allait recréer des divisions de Waffen-SS et installer un camp de concentration à Rocamadour ! Je lui ai soumis cette raillerie.

Sa réponse a été sans appel :

— Et pourquoi pas ?

L'exemple opposé : Roland, un antimacroniste furieux. En galère. Viré d'une usine délocalisée. Gilet jaune de la première heure. Plus que légitime pour voter pour les Insoumis. Et pourtant, non.

— Pas question. Mon arrière-grand-père a été tué par des FTP (mouvement de résistance communiste pendant la dernière guerre)... Dans la famille on ne votera jamais pour des cocos !

La logique primaire de ceux qui ne voient pas plus loin que le bout de leur haine. Et toutes ces peurs justifiées ou pas sont entretenues chaque jour par les médias à grands coups d'idées reçues, de caricatures, de bourrage de crâne. Que ce soit le prosélytisme wokiste de France Inter, de France 2, de *Libé*, de Quotidien ou le matraquage populiste de *Causeur*, de *Valeurs actuelles*, du *JDD* ou de CNews.

Ces gesticulations de convictions assenées en boucle ont créé une hydre tricéphale. Une peur à trois têtes. Deux extrêmes et un centre flou. L'extrême droite qui surfe sur la peur de l'extrême gauche. L'extrême gauche sur celle de l'extrême droite. Et le centre flou sur la peur des deux extrêmes. Du billard à trois bandes. Et tout va pour le mieux dans le pire des mondes politiques.

Chacun se nourrit de l'autre. Mais pas seulement par idéalisme. Il y a aussi le grisbi, les pépettes, le blé. La peur jackpot. Chaque parti est grandement financé par l'État en fonction du nombre de voix obtenues aux élections. De plus, les donateurs bénéficient d'une large exonération d'impôt. Pas étonnant que ça ferraille autant dans la chasse au bulletin.

Aerys a brodé sur le sujet à sa façon.

— Si ça se trouve, Mélenchon, les musulmans, il s'en tamponne la burka ! Mais il a trouvé un réservoir à thunes. C'est pour ça qu'il les caresse dans le sens des poils de la barbe. Sans eux, son parti aurait du mal à assurer les fins de mois. Insoumis d'accord, mais on va quand même pas bouffer les restes et voyager en fiacre !

Pour me mettre à la hauteur de sa dialectique farceuse, j'ai dit :

— Il passerait de Daech à la dèche !

— C'est ça. Pareil en face. Les vases communicants. Plus on pousse les émigrés à sortir, plus on encourage le pognon à rentrer. Elle a un prénom prédestiné, la Marine. Elle sait naviguer. Cap sur l'insécurité. Normal, papa était né à La Trinité-sur-Mer. Le père, la fille et le Saint-Esprit. Esprit d'entreprise d'abord. Faut que la peur de la racaille fasse rentrer de la caillasse !

— Bien vu ! Et au centre ?

— Kif kif ! Un gloubi-boulga avec toujours la trouille du grand chambardement en fond de sauce. Pour récupérer les voix des pépères, des prudents. Tu vois pas que les gauchos nous vireraient la Ligue 1 et son fric indécent ! Ou que les fachos nous priveraient du Ricard à cause de l'anis qu'on retrouve dans des prénoms fréquents chez les Maghrébins Yanis et Anissa. Donc, vive les pantoufles, et voyez caisse !

Là-dessus, on a ouvert une bouteille de « vin de merde », l'excellent breuvage de mon beau-frère. Une idée de génie qui fait un carton. L'intitulé qui repousse et le liquide qui régale. L'exact contraire des partis qu'on venait d'évoquer. L'étiquette qui attire et le contenu imbuvable.

En me relisant, je m'aperçois que dans la liste des influences médiatiques populistes, j'ai oublié TPMP sur C8. Au moment où j'écris, l'émission et la chaîne s'arrêtent. La loi gangrène des dictatures masquées : quand on ne peut plus maîtriser, on ampute. Mais Hanouna a promis de rebondir aussi fort ailleurs. Je n'en doute pas. Sans doute au moment où tu me lis l'a-t-il déjà fait. Avec, je l'espère, un changement de cap.

Cyril est mon ami. Et c'est justement pour ça que, quoi qu'il entreprenne, je le souhaiterai plus futile. Ce qui ne veut pas dire plus inconsistant. Au contraire, plus rassurant. Et par les temps qui courent, avec son pouvoir médiatique, ce n'est pas seulement une ligne éditoriale, c'est une mission de bienfaisance.

Parce que dans TPMP, là aussi, la peur transmise était omniprésente. On décortiquait les faits divers les plus anxiogènes. Les agressions avec images en boucle. On surfait sur l'insécurité, la précarité extrême. Entre deux trivialités, on balançait des messages d'alerte. Tout va mal ! On marche sur la tête ! La France ne mérite pas ça !

Alors d'accord, c'était un des rares endroits cathodiques où on étalait la vérité crue. Où résonnaient les porte-voix des oubliés. Où la parole était donnée à tous les camps. La base d'un échange équilibré. Bien plus profond qu'il n'y paraissait. Parce que entre deux pirouettes de clown, on en apprenait parfois beaucoup plus que dans un débat de penseurs assermentés.

Mais je préférais clairement quand Cyril n'était que dans la gaudriole. Et je ne suis pas le seul. Féaouzy, le dernier taxi G7 qui m'a déposé récemment chez moi, pense pareil :

— Avant, quand je rentrais du boulot, c'était ma récréation. Je rigolais. Maintenant, y a trop de politique. Ça m'emmerde.

— Tu ne le regardes plus ?

— Bien sûr que si. Ce mec, à la télé, c'est un génie. Mais ça me rend un peu triste pour lui. Parce qu'il vaut bien plus que ça. Moi je l'aime en copain, pas en donneur de leçons. Dis-le-lui à ton pote !

Ça fait longtemps que je le lui dis. Parce que en copain il est unique, mais des donneurs de leçons il y en a trop.

Et il s'est adoubé lui-même prince de ces gourous-là. Par sincérité ou par orgueil, je ne sais pas. Sans doute un mélange des deux.

Et, là, la peur, c'est moi qui l'ai. Peur pour lui. Je ne sais pas comment ils vont faire, mais je crains que le nombre grandissant d'ennemis qu'il s'est fait en touchant de trop près à la politique finisse par lui faire bien plus de mal qu'il imagine. Oh, pas l'éliminer physiquement, ça se verrait trop.

J'entends au moins une fois par jour un de ses fans me dire :

— Faudrait pas qu'il tombe sur un camion, comme Coluche !

Pour moi inenvisageable. D'abord je ne crois pas une seule seconde à un complot criminel contre Coluche. Je l'ai expliqué longuement dans mon dernier livre. Je n'y reviendrai pas. Et ensuite, il existe tant d'autres manières bien plus sournoises de se débarrasser d'un caillou dans la chaussure.

La métaphore est essentielle.

Parce que ça n'est que ça, le Hanouna polémiste. Une gêne provisoire dans un système bien trop puissant pour qu'on l'empêche de marcher et d'écraser tout sur son passage. Même si les gesticulations diverses et avariées des réseaux sociaux donnent au phénomène bien plus d'importance qu'il n'en a. L'emballement médiatique est toujours pervers.

D'autant plus futile qu'il est exagéré. Parce que mesurer la grandeur d'un personnage en points d'audimat ou en nombre de followers est une monumentale erreur de toise.

Comme je le lui ai souvent dit :

— Deux millions de personnes qui te regardent, ça fait soixante-six millions qui s'en branlent !

Cyril est un garçon que j'aime beaucoup. Sincèrement. J'aime son talent, sa fidélité, son courage. J'aime l'homme pour ce qu'il est au-delà de ce qu'il montre. Je suis admiratif de la façon dont jusque-là il a déjoué les pièges de la célébrité, de l'argent démesuré, et des paradis artificiels qui parfois vont avec, auxquels il n'a pas succombé.

Mais jusqu'à quand ? Ils sont des dizaines de « renards » à guetter au pied de l'arbre dans lequel chaque jour il s'élève d'une branche de plus. Comme le corbeau de la fable, il a un fromage dans le bec. Et, entre la célébrité et le compte en banque, il est de plus en plus gros, le calendos ! Avec, donc, toutes les frustrations et les jalousies que cela génère. C'est la nature humaine. C'est vieux comme du La Fontaine.

La morale de cette fable moderne, c'est la même que celle qu'on a tous apprise à l'école. Elle concerne ceux qui éructent à travers lui par procuration. Ceux qui l'encouragent à aller encore plus loin. À s'envisager candidat aux présidentielles. Grenouille plus grosse qu'un bœuf. À être à moitié Bayard. Sans peur mais pas sans reproche. À s'indigner encore plus fort. À provoquer, à menacer, sans retenue. Sans limites de langage. En balayant les conséquences d'un revers de main. Normal. Ils s'en foutent. C'est pas sur leur gueule à eux qu'elle risque de tomber, cette main. Un jour ou l'autre, il se pourrait bien que ce soit sur la sienne.

Pour La Fontaine, cette morale, c'était :

« Apprenez que tout flatteur vit aux dépens de celui qui l'écoute. »

Comme je suis son ami, ma morale personnelle est bien plus prudente.

Attention à la loi de la pesanteur, frérot ! C'est du plus haut des cimes qu'on tombe le plus bas.

Je terminerai sur le sujet en te révélant la fin de chaque message que je lui envoie. Ma recommandation d'ami vrai :

« Prends soin de toi ! »

Cette recommandation, c'est la dernière phrase que m'a lancée Aerys du seuil de son petit paradis quand j'ai repris la route, ce soir de délicieux et enrichissant partage. Et tout le long du chemin qui me ramenait vers mon Lot, j'ai continué à vadrouiller dans ma tête pour analyser nos peurs diverses. Histoire de remplir mon sac à idées avant de le déverser sur mon ordinateur en arrivant.

Et soudain, en repensant à la menace d'une guerre russo-européenne, m'est apparue la vision d'une conversation fictive et absolument complotiste, je l'avoue, entre un industriel de la pharmacie et un marchand d'armes. Ils échangeaient des méthodes d'enrichissement extrême avec un cynisme accompli. En surfant, évidemment, sur la peur panique de chacun d'entre nous. Macron avait parlé de guerre pour le Covid. Une vraie guerre ne serait-elle pas une occasion en or pour les marchands d'armes de se fabriquer une supercagnotte aussi rentable que l'a été celle des marchands de vaccins ?

Mais comme dans ce chapitre j'ai choisi de te parler des médias, avant de te livrer le contenu de cette conversation imaginaire, pour être parfaitement raccord avec le sujet, on va laisser passer une page de pub ! Eh oui, c'est ça la nouvelle télé ! Un matraquage d'annonceurs entrecoupé de bribes d'émissions. Avec des carambolages parfois étonnants.

Cocasses ou dramatiques.

Un reportage sur le ramadan précédé d'une pub pour le jambon Herta. Ou alors, juste avant le compte rendu du procès des viols de Mazan, un spot pour Durex, le préservatif qui résiste à tout ! Le slogan malvenu : « Voyagez avec Costa croisière ! » juste après que Di Caprio a lâché la main de Rose pour s'enfoncer dans l'eau glacée de *Titanic*. Pire encore, la promo pour les fours à bois en plein milieu de la diffusion de *La Liste de Schindler*. Authentique, je l'ai vu de mes yeux.

Et surtout, en subliminal, des peurs et encore des peurs. Celles de grossir, de tomber malade, de vieillir, d'être agressé. « Comme j'aime », monte-escalier, pompes funèbres, dispositif d'alarme. Parfois, pour ce dernier, les trois ténors en une demi-heure, Verisure, Homiris et Sector Alarm. De quoi se barricader de frousse, non ?

Une parenthèse au sujet de ces promos de systèmes sécuritaires. Le must de la manipulation pour mon pote Sergio, flic à la BAC :

— Magnifique ! Dans ces pubs, les proprios sont jeunes, métissés, et les voleurs sont des vieux mâles blancs, à la moustache grisonnante sous la cagoule. Y en a même une où on voit les cambrioleurs s'échapper en courant, et au dernier moment, une nana retire sa cagoule pour laisser voler ses cheveux blonds.

— Et alors ?

— Putain, mais la réalité, c'est pas ça ! C'est le contraire. C'est les vioques qui se font casser par des racailles bronzées.

— Attention ! On va dire que tu es raciste.

— Non, je suis pas raciste, je suis sur le terrain, mon pote ! Ce qui est sûr c'est qu'on prend vraiment les gens pour des cons.

— Ou alors, ils le sont vraiment puisqu'ils achètent.

— T'as raison, c'est plutôt ça !

Peut-être pas cons, mais stressés en permanence, ça c'est sûr. Cancer, vieillesse, obésité, maladies, sinistres. Et les préventions et les assurances qui vont avec. Et cerise sur le gâteau, la frustration récurrente. La règle d'or de la publicité : nous rendre indispensable ce dont on peut très bien se passer. Et ça, ça mine, ça ronge en sourdine. Comme une addiction à la came. Sans tous ces dealers de rêve, il n'y aurait pas la peur du manque.

Ajoute à ça les infos qui te matraquent en boucle les bombardements, les incendies, les inondations, les accidents, les crimes au couteau, les disparitions, les viols. Les infirmiers, les profs, les chauffeurs de bus agressés. Les gosses flingués à la kalach. Les commissariats attaqués au mortier.

Et comme si ça suffisait pas, pour oublier la réalité, les fictions en remettent une couche. Meurtre, pédophilie, suicide, guerre, génocide. Des centaines de cadavres chaque soir dans ton écran plat. Mille meurtres par semaine.

L'arme qui tue le plus dans le monde, c'est peut-être bien la télécommande.

Le lien tout trouvé pour enchaîner avec les armes, les vraies. Et le marchand dont j'ai imaginé la conversation avec un industriel de la pharmacie, comme je te l'ai promis plus haut.

C'est le marchand d'armes qui commence :

— Alors le Covid, c'était vraiment un bon plan ?

— Fabuleux ! On s'est gavés. Mais on avait tout bien programmé.

— C'est vous qui avez lancé le virus ?

— Ça, je ne peux pas te le dire. Mais pour la suite on a super bien manœuvré. Des cadeaux à des journalistes, des scientifiques et des politiques pour qu'ils entretiennent une peur maximum. Confinement obligatoire. Rush sur les vaccins, les masques. Bingo ! Comme au casino. Question de jetons : plus tu les leur fous, plus tu ramasses la mise !

— Merci du conseil. Pour nous, le moindre cessez-le-feu, c'est galère pour le chiffre d'affaires. Là, ça sent bon. On va arroser les décideurs pour un réarmement massif. On appellera ça l'effort de guerre. En parallèle une campagne médias alarmiste pour justifier. Si on se démerde bien, les blaireaux vont approuver. Sécurité avant tout. L'État va pouvoir les tondre pour financer. Il va se gaver et nous aussi !

Totalement complotiste, je te l'accorde. Cette conversation imaginaire ne peut pas exister bien entendu. Ça voudrait dire sacrifier des milliers de vies au nom d'une rentabilité maximum. Mais non, voyons ! Voir des magouilles partout, c'est ça qui est criminel. Et, en plus, si on affaiblissait ces consortiums, vous imaginez le nombre d'employés au chômage ?

Le régulateur assermenté des pensées me recadre :

— Allons, allons, monsieur Sébastien, vous divaguez. Soyez raisonnable !

En arrivant dans mon antre, à Martel, j'ai allumé la chaîne infos. Des spécialistes débattaient de l'urgence à donner à l'Europe une nouvelle force de frappe. Appuyé par un sondage qui assurait que 86 % des Français souhaitaient un retour du service militaire. J'en doute. Certains instituts de sondages seraient donc aussi complices de la manipulation ? Absolument pas, bien sûr. La preuve : 79 % des Français trouvent que ce que je viens d'écrire est totalement farfelu et même diffamatoire ! Lol !

Pour mettre un point final à ma dérive complotiste du jour, je suis obligé de te parler de Simon. C'est un Corse sympa que j'ai croisé récemment, au hasard de quelques cigarettes fumées ensemble sur la terrasse d'un restaurant gastronomique. La conversation s'est enclenchée, comme ça m'arrive souvent, sur son regret de ne plus me voir à la télé. Et puis, sans m'en dire trop, il m'a fait comprendre qu'il était au courant de manœuvres en coulisses qui n'étaient peut-être pas sans rapport avec mon éviction.

J'ai demandé :

— Tu bosses pour le service public ?

— Non, je suis journaliste. J'enquête en ce moment sur la télé.

— Tu as découvert des secrets ?

— Quelques-uns. En ce qui te concerne, ce que je peux te dire, c'est que ta tête était mise à prix dès l'arrivée de Delphine Ernotte.

— Ça, c'est pas un secret. Tu ne m'apprends rien.

Je savais depuis longtemps que j'étais dans la charrette d'un nettoyage programmé qui n'avait rien à voir avec la qualité de mes émissions ni avec leur audience, qui était excellente. En l'occurrence, là, il ne s'agit pas de complotisme. La taulière du service public ne s'en est jamais cachée.

Elle l'a déclaré publiquement :

— On ne représente pas la France comme elle est, mais comme on souhaiterait qu'elle soit.

Donc féminisme, bons sentiments, progressisme et inclusion à outrance. Noble tâche au demeurant. Idéaliste. Humaniste en surface. Mais, au plus profond, ségrégationniste. Avec l'exclusion de tout ce qui ne rentre pas dans ces codes-là. Donc des mâles blancs comme moi, et de ce que je représente. La simplicité festive de la France populaire.

Pour résumer : une dictature idéologique fascisante financée par l'argent public, donc le tien, pas très éloignée finalement de la vieille ORTF. Mais bon ! chacun sait que l'histoire est un éternel recommencement.

J'ai dit à Simon :

— Je vais attaquer un bouquin sur la peur. Il y aura un chapitre sur les médias. Tu aurais un truc pour moi ?

— Oui. Quelque chose que je n'écrirai pas parce que je n'en ai pas de preuves réelles. Juste des rumeurs de couloir. Mais j'y crois.

— C'est quoi ?

— Des consignes de l'État et des sphères décideuses occultes pour montrer un maximum de trucs anxiogènes. La guerre, la maladie, les catastrophes. Des scénarios de fiction formatés pour entretenir une peur latente. Histoire d'imposer ce qu'ils appellent un « effet blocage ».

— C'est quoi un « effet blocage » ?

— Ben, le mec devant sa télé, il voit des massacres d'innocents, des attentats, la petite fille qui se fait violer. Dans son canapé, il se dit : « Finalement je m'en sors pas mal. C'est pas à moi que ça arrive. Pourvu que ça dure ! » Quelque part, ça l'empêche de descendre dans la rue pour demander ce qu'on lui doit. La trouille de perdre ce qu'on a, c'est la meilleure garantie d'une paix sociale.

— Ça veut dire que certaines chaînes seraient aux ordres du pouvoir ?

— Pas seulement. Aux ordres aussi de ceux qui leur ont permis d'accéder aux commandes du pays. Des grands groupes financiers. Avec des reportages ou des enquêtes imposés pour surévaluer leur puissance. Assurer l'omerta sur leurs pratiques illégales. Décrédibiliser la concurrence. Avec évidemment rémunération en sous-main de ceux qui acceptent de jouer leur jeu.

— Des dessous-de-table ?

— Pas seulement. Des passe-droits, des promotions.

— Ça ressemble à de la corruption.

— Appelle ça comme tu veux ! Tu sais, la corruption, elle est partout, alors un peu plus un peu moins.

Juste une parenthèse au passage.

Pour flatter mon *ego*. C'est un document officiel qu'on m'a fait parvenir récemment. L'affiche d'une campagne anti-corruption menée par le pole pénal économique et financier de Côte d'Ivoire. Pour l'illustrer, ils ont écrit au bas de l'affiche une citation en précisant l'auteur. Moi, en l'occurrence :

La lutte contre la corruption commence par arrêter de donner des bonbons aux enfants pour qu'ils vous sourient.

Comme quoi la réflexion d'un clown pas très catholique peut devenir parole d'Évangile internationale !

Fin de la parenthèse.

Et retour sur la terrasse du restaurant gastronomique.

J'ai dit à Simon :

— Si tu sors ton enquête ça va faire du bruit.

— Je ne pense pas. Parce que tout ce que je viens de te dire, je n'en parlerai pas.

— Pourquoi ? T'as peur des représailles.

— Non. Comme je te l'ai déjà dit, je n'ai pas de preuves. Et je ne suis pas un charlatan de l'info. Je suis un vrai journaliste. Je n'affirme rien sans en être absolument sûr.

— Et si je veux l'écrire, moi ?

— À tes risques et périls. Méfie-toi, si c'est vrai, ces mecs-là sont puissants.

— Faut relativiser. C'est pas trois lignes dans mon bouquin qui peuvent les effrayer. En plus sans preuves et sans citer de noms.

— C'est vrai. Mais aujourd'hui, avec les réseaux, si on veut nuire à quelqu'un juste pour le plaisir de l'emmerder, y a rien de plus facile. Il suffit de diffuser quelques *fake news* et ils peuvent désarçonner qui ils veulent.

J'ai relevé la métaphore équestre :

— Même si on tombe de cheval, on peut continuer à pied.

Il a souri.

— Oui. Sauf si la bête te piétine !

C'est pas faux. Chaque jour le tribunal médiatique accuse, condamne. Combien sont détruits par des rumeurs qui laissent des cicatrices indélébiles ? Quels que soient les démentis et même les non-lieux. Je ne développe pas pour l'instant. Je m'y attarderai plus longuement quand j'évoquerai les réseaux sociaux dans le prochain chapitre, que je vais consacrer à la peur du regard de l'autre.

Mais il me reste encore à évoquer deux peurs particulières liées aux médias avant de clore celui-là.

La première de ces peurs particulières est justement celle de l'absence de ce regard des autres. Elle concerne ceux qui, avides de célébrité, vivent dans la crainte de ne pas avoir accès aux médias. En précisant que je vais te parler d'un temps que les moins de vingt-sept ans ne peuvent pas connaître.

Il y a vingt-sept ans, c'était l'apparition des premiers réseaux sociaux qui ont totalement rebattu la donne de l'accès à la lumière médiatique. Aujourd'hui, il suffit d'un clic pour pouvoir bénéficier de cette célébrité plus ou moins factice. Mais avant l'apparition d'Internet, les seuls moyens de se faire connaître du plus grand nombre, c'étaient exclusivement la télé, la radio et la presse. Obtenir leurs faveurs pouvait souvent être un long chemin de croix. Et la peur de ne pas jouir *a minima* du quart d'heure de célébrité présagé par Andy Warhol a donné lieu a bien des sacrifices, des désillusions et des outrages.

J'en ai rencontré tant de ces mômes aux yeux luisants qui me suppliaient :

— Aide-moi à être connu, Patrick.

— Tu sais chanter, danser ? Tu as un talent quelconque ?

— Non. Mais je veux être célèbre. Si tu me fais passer à la télé, ça suffira !

La quête de célébrité à tout prix et la peur de ne pas l'atteindre ont accouché de drames qui ont laissé parfois de profondes cicatrices. L'exploitation financière des plus naïfs. Le chantage à la promotion canapé. La déstructuration physique pour être le plus attrayant possible. Et surtout, pour ceux qui avaient goûté à un minimum de gloire factice, le goût amer de l'oubli immédiat.

Je pourrais presque en faire tout un livre. Je résumerai ça en une phrase que j'avais écrite dans mon livre précédent à propos des désillusions de Patricia, mon amie, la maman de Jordy :

Quand le miroir aux alouettes se brise, il faut marcher pieds nus sur les morceaux.

Ça, c'est pour les artistes, les mômes de la télé-réalité, les graines de chanteurs, d'humoristes, de comédiens. Ils avancent sur la route du succès sans limitation de vitesse. Ils se croient sur une autoroute, mais c'est juste un chemin de traverse. Les pleins phares des projecteurs les éblouissent. Alors forcément, un jour ou l'autre, c'est la sortie de route. L'accident. L'oubli brutal.

Et sur le bord de cette route, comme des carcasses de voitures abandonnées, on trouve des milliers de gamins qui vont traîner toute leur vie la frustration de leur anonymat. Certains tentent de l'exorciser en dérives diverses qui passent souvent par des paradis artificiels. Et pire parfois, d'autres en arrivent au suicide. Pour Loana, on appelle ça des appels au secours. Elle en est à neuf. Pour d'autres, un seul suffit, hélas ! Sans en arriver à cette extrémité dramatique, la peur de rester anonyme engendre souvent une autre mort : celle de son honneur.

On peut la résumer en un mot.

L'indignité.

Elle s'appelle Hélène.

Chanteuse sans réel talent, elle m'avait sollicité dans les années quatre-vingt-dix pour passer dans mes émissions. Devant mon refus, elle s'était présentée un jour dans mon bureau en tenue plus que sexy. Prête à tout et même plus. Sollicitation brûlante que j'ai tout de suite éteinte avec la phrase dont j'ai fait un pare-feu infranchissable à chaque cas semblable :

— Si tu veux coucher pour réussir, tu ne réussiras qu'à coucher !

Je l'ai croisée récemment à la sortie d'un spectacle. Vieillie, mais toujours aussi extravertie. Fringuée en cagole sur le retour, elle a déboulé en frelon dans ma loge. Et tout de suite elle m'a vendu le talent de sa nièce, Cindy, qui l'accompagnait. Un classique. Les parents qui délèguent leurs rêves à leurs enfants. Avec l'espoir qu'ils vont réussir là où ils ont échoué. En l'occurrence, dans son cas, c'était une relation familiale moins directe, mais le principe était le même.

Elle a argumenté :

— Elle chante bien mieux que moi, tu sais. Elle peut te montrer si tu veux.

— Non. Laisse-moi plutôt un CD. Je l'écouterai à tête reposée.

La suite m'a abasourdi.

— Je lui avais trouvé un producteur. Un ami de chez moi, dans l'Est. Elle se l'est tapé mais ça a servi à rien.

— Je te l'avais dit. C'est ce que j'ai toujours pensé.

— Oui, mais on peut changer d'avis. Surtout que moi, quand je suis venue te voir, je n'étais plus toute jeune. Là, regarde comme elle est fraîche. En plus, dix-huit ans, tout juste majeure, tu risques rien. Si tu l'aides, je te promets qu'elle sera très docile. Hein Cindy ?

La gamine a décroisé ses jambes sur la culotte qu'elle ne portait pas en approuvant :

— Bon, c'est pas obligatoire, mais si vous êtes d'accord pour m'aider, je vous ferai tout ce que vous voulez.

Et Hélène a porté l'estocade :

— Surtout que d'après ce que m'a dit mon ami producteur, elle assure, la gamine !

Je les ai virées de ma loge avec pertes et fracas. Ce qui m'a valu des insultes de la tante et un doigt d'honneur de la nièce.

Quand je pense qu'on dit que c'est moi qui suis vulgaire !

L'angoisse de ne pas être connu peut déboucher sur des indignités de cette sorte. Elle peut aussi générer des blessures dans la chair. Avec la baguette magique et tranchante des sorciers de l'esthétique : le bistouri. Tu les vois tous les jours comme moi, les apprenties célèbres à la bouche de mérou. Tout ça pour une gloire artificielle qui se dégonfle à la moindre déficience de prothèse mammaire. Je ne développe pas pour l'instant. Je m'y attarderai plus loin.

Plus grave, ce sont les anonymes qui n'ont aucun rêve artistique mais qui choisissent d'accéder à une célébrité provisoire par le biais des faits divers. Assassinat, attentat, prise d'otage. Éblouis par la puissance du papier journal, du flash infos. La main souvent armée par une vie ratée et l'occasion de sortir du lot. Je ne dis pas que la motivation de tout meurtrier est de passer dans *Faites entrer l'accusé*, mais le phénomène est bien plus fréquent qu'on croit. Avec un écho pervers et déroutant : l'hybristophilie. Pour celles qui tombent amoureuses d'un criminel. Comme d'une star du cinéma. Le summum de la peur érogène. Accroche-toi, Sigmund ! La nature humaine a tant d'abysses insondables.

Et tout ça nous donne une société où, par peur de l'anonymat, l'image a pris le pas sur l'être. J'y reviendrai largement dans le chapitre suivant.

Mais je voudrais faire un détour par une dernière peur cathodique qui me touche de près. Celle qui concerne les figures du petit écran en exercice. Ceux qui, eux, ont réussi. Addict à leur célébrité. Sardou parlait dans une de ses chansons de la peur du déclin qui rend fou.

Cette peur existe réellement pour la plupart. Certains ne s'en cachent pas.

Mon ami Drucker me l'a avoué :

— Bien sûr que j'ai peur que ça s'arrête. Si je ne fais plus de télé, je suis mort. Enfin, pas vraiment, mais ce sera tout comme.

D'autres mentent l'indifférence. Des rayés de la carte qui affirment ne jamais en souffrir. Les mêmes qui me confiaient en pleine gloire être terrorisés à l'idée que tout ça finisse.

— Et toi papa ? me demande ma fille.

— Moi ça va. J'ai toujours parfaitement géré cette épée de Damoclès qui peut nous décapiter à tout moment. Parce que quand j'y étais, j'ai toujours été conscient que ce n'était qu'un trône provisoire. Et surtout, parce que j'ai toujours été moi avant d'être mon image. Ne l'oublie jamais, Lily. Un reflet dans la glace n'est jamais la réalité. C'est une loi incontestable de la perception. Un miroir, une photo de face, c'est toujours l'envers de ce qu'on est vraiment.

Ben oui ! Fais le test. Devant un miroir, avec une cigarette coincée dans la commissure droite de tes lèvres. Pour celui qui est ton reflet dans la glace, elle est à gauche. Preuve que nous ne sommes jamais vraiment ce que les autres voient de nous.

Un conseil pour ne pas céder à la peur du déclin dans quelque domaine professionnel que tu officies ?

Oui. Il faut s'appliquer à ne vivre que le présent. Sans anticiper un futur dont on ne sait pas, par définition, s'il nous offrira le pire ou le meilleur. Et si le pire arrivait, se contenter d'avoir vécu le meilleur.

C'est toujours mieux que de ne rien avoir vécu du tout.

Pour être complètement honnête avec toi, bien sûr que ma gueule sur l'écran chaque samedi me manque. Comme elle manque à beaucoup. Pas un jour sans que dans la rue on me congratule pour ce que j'ai fait. Sans qu'on me sollicite pour y revenir.

Alors, je peux bien t'avouer ma peur médiatique actuelle. Celle qui me retient de retenter l'aventure. C'est la crainte du combat de trop. Celle de me croire indispensable dans un monde qui se passe de moi sans aucun problème. Cette peur protectrice, par bonheur, c'est celle de tous ceux qui savent se contenter de ce qu'ils ont.

Ils sont tant à avoir gâché le « suffisamment » en se laissant griser par le « toujours plus ».

La vie m'a gâté.

Je suis déjà allé au bout de mes rêves.

Cela ne m'apporterait rien de plus d'essayer de les dépasser.

Alors pour conclure, et juste pour le plaisir de l'écriture, je vais oser un jeu de mots approximatif dans l'ordre logique des saisons qui passent :

Il faut se satisfaire d'avoir automne, sans regretter d'avoir été.

MADAME TARDIVET

— Chéri, tu peux vider la poubelle ?

— OK ! J'efface les messages.

Dans ce chapitre, je vais d'abord te parler du côté obscur des réseaux sociaux. Le vide-ordures de la société nouvelle. En occultant volontairement leur côté lumineux. Pratique, révélateur de talents, créateur de liens, compagnon de solitude. Pour rester dans la ligne du sujet de ce livre, je laisserai de côté l'opportunité magnifique de cette invention, pour ne m'arrêter qu'à la peur qu'engendrent la haine et la délation distillées chaque jour par la pieuvre numérique. L'encre noire. La plupart du temps sous couvert d'anonymat.

Le regard des autres, aujourd'hui, réseaux sociaux obligent, donc, ce sont des millions de paires d'yeux qui peuvent te fixer à tout moment. Il suffit d'une dérive, d'une phrase hasardeuse, d'un coup de sang. En un « clic », la planète entière peut en être témoin. Et à partir de là, te juger, te condamner et éventuellement te tuer. Sur un miniextrait de tes actes ou de tes phrases sans en connaître ni l'avant ni l'après.

Effrayant !

Dans le village de mon enfance, ce n'était que quelques yeux seulement. Ceux des espionnes aux fenêtres. Le « clic » c'était le bruit de la ferrure d'un volet qui s'ouvrait le matin. Et tout de suite, derrière, en semi-transparence, une petite vieille protégée par ce qu'on pourrait appeler des rideaux sans tain. Pour voir sans être vue. Exactement comme toi, l'anonyme, quand tu sautes sur ton ordi, à peine les volets ouverts, pour balancer ton jugement. Le plus souvent ton fiel.

Alors, d'accord, les réseaux sociaux n'ont rien inventé. Les espions aux fenêtres étaient précurseurs. Mais il y a quand même une nuance essentielle. Ça dépassait rarement les limites du canton. Et juste pour ça, j'accepte de passer une fois de plus pour un vieux con en écrivant : c'était mieux avant.

La vieille à la fenêtre, c'était donc le « réseau social » du bourg. En fond sonore « tik tok… tik tok ». La pendule de Brel au salon qui dit oui, qui dit non. Sur ses genoux parfois un « chat » dont on ne prononçait pas le *t*. Le tricot qu'elle fabriquait d'une aiguille habile. L'« adresse maille ». On peut rajouter pour le plaisir de l'écriture qu'elle pouvait être à la fois sensible et un peu idiote.

« Émotive, conne », quoi !

Elle observait, épiait. Du haut de sa vigie, elle pistait les tenues, les comportements, les disputes, les liaisons. Et ensuite, toute fière, elle allait faire son buzz communal entre deux permanentes chez le coiffeur, deux achats au marché, deux sermons à l'église. Là, elle partageait ses ragots avec quelques autres « haters ». D'autres mamies espionnes fringuées épais qui sentaient la naphtaline. Son groupe « ouate sape ». Et les sentences allaient bon train.

Perfides :

— T'as vu la femme du maire ! Même en semaine, elle met ses chaussures du dimanche, c'est te dire comme elle est pimbêche !

— Le boulanger est encore rentré fin saoul. Pas étonnant qu'il fasse des baguettes tordues.

— Il paraît que l'Antoine est mort d'un arrêt du cœur. Ça m'étonnerait. Ce vieux salaud n'en a jamais eu.

Triviales :

— Le Dédé, il est de la fanfare. Pas au tambour. Y a quelqu'un qui l'a vu souffler dans une trompette à couilles derrière le lavoir.

— Celle-là, s'il pleuvait des bites, elle mettrait son cul sous la gouttière !

Diffamatoire :

— Le petit Patrick, il sait pas qui c'est son père. S'il veut le savoir un jour, je suis pas sûre que sa mère s'en rappelle. C'est pas grave. Elle en choisira un au hasard.

Le petit Patrick c'était moi. Ah ça ! j'en ai alimenté des émojis pouce en bas !

Je me souviens même d'un dialogue au mariage d'une amie de Maman. J'avais sept ans. Je jouais sous la table. À la fin du repas, la mariée avait une grosse tache de sauce marron sur sa robe blanche. Elles étaient deux. Juste au-dessus de ma tête. Même pas des « vieilles aux fenêtres ». Des quelconques, endimanchées avec mauvais goût pour l'occasion. Bavardes. Toujours à l'affût d'un adultère, d'une ivrognerie, ou de l'écho d'une scène de ménage à commenter. Petites têtes et grosses fesses. Des « pintades », comme les surnommait Maman.

J'ai entendu :

— C'est dommage. Tacher une si belle robe.

— Et si chère !

— Elle aurait quand même pu faire attention !

— La Dédée, la mère du bâtard, elle aussi, elle aurait dû faire attention. Mais à l'envers. Il aurait mieux valu qu'elle soit sur sa robe, la tache de sperme !

Et les deux pintades ont rigolé.

Je suis ressorti de ma cachette. J'ai volé une fourchette sur la table. Et je suis repassé dessous pour la planter dans le pied de la pintade qui m'avait traité de bâtard. Hurlement. Scandale. Maman m'a emmené à l'écart. J'étais bon pour la paire de claques méritée. Au moment où elle armait sa main pour me punir, je lui ai raconté ce que j'avais entendu. La gifle que j'aurais dû recevoir, c'est la pintade qui l'a prise. Deux même. En aller-retour.

Une punition parmi d'autres. Il y en a eu beaucoup. Dès que quelqu'un me manquait de respect, c'était elle qui montait au créneau en me disant :

— C'est à moi de le faire. Toi, apprends à les ignorer. Ça te servira beaucoup quand tu seras grand. Tu ne dois jamais avoir peur d'eux, parce que si tu m'écoutes, un jour c'est eux qui auront peur de toi.

Et elle me répétait les mots qui me servent encore de ligne de conduite à chaque saloperie subie. Je te les ai déjà cités dans un de mes livres, mais ils sont encore plus légitimes ici. Ils définissent la différence entre la vengeance et la revanche.

Elle me disait :

— La vengeance, c'est faire du mal à celui qui t'a fait du mal. C'est stérile. Tu t'abaisses à son niveau. La revanche, c'est se servir du mal qu'on t'a fait pour te faire du bien.

Je lui opposais :

— Mais toi, je t'ai vue te venger. Quand t'es vexée, tu cognes.

— Ça, c'est l'exception qui confirme ma règle. Si, plus tard, on touche à tes enfants, tu auras le droit de tout. Même de tuer s'il le faut.

Impitoyable, mais juste.

Elle ajoutait :

— Si on t'agresse, tu peux aussi répondre avec un sourire. Ça fait moins mal aux mâchoires que de serrer les dents.

Et donc, j'ai appris à subir les humiliations et les jugements sans que cela déclenche en moi de l'agressivité. À chaque réflexion dans mon dos, chaque mise à l'écart, je me contraignais à expulser la rancœur. En ne trouvant pas toujours la force de sourire dehors mais quoi qu'il en soit de le faire dedans. Avec parfois des exutoires complètement débiles. Comme celui, quand c'était la raillerie d'un garçon, de me mettre une paire de cerises en boucles d'oreille, et de repasser devant lui en murmurant juste pour moi :

— T'as vu ce que j'en fais de tes couilles, connard !

Quand c'était la moquerie d'une fille, je l'applaudissais en l'imaginant au petit coin. Se libérant après avoir grimacé longtemps pour cause de constipation. Le son du « plouf » de l'étron enfin lâché en écho joyeux. Rien que de voir dans ses yeux l'incompréhension de ma réaction enthousiaste, et en pensant à ce qui avait réellement motivé mes applaudissements, ça me régalait.

Pas vraiment classe, je te l'accorde. Mais un gosse attaqué, ça ne choisit pas son bouclier. Ça fait avec ce qu'il trouve. N'empêche, de cerises sur l'oreille en visualisation de transit contrarié, j'ai fortement atténué ma peur du regard des autres.

Ceci explique cela.

Aujourd'hui, les calomnies du Net ne me perturbent pas plus que ça. Chaque fois que je peux, j'en rigole. Sans même la peur que ça m'en touche une en faisant bouger l'autre. Tradition chiraquienne. Un mal pour un bien. J'ai été formé à la critique au berceau. Le regard des autres sur moi n'a jamais été ordinaire. Oh, pas forcément de la haine ou du mépris, chaque fois. Non. Juste, en continu, une sorte d'infime recul. Comme si je portais ma différence en bouton sur le nez.

Mais c'était une autre époque. Dans un petit village des années cinquante, le bâtard, c'était le mouton noir. Donc, ce n'était pas plus anormal que ça que les bergers me tiennent un peu à distance du troupeau. Je ne leur en veux même pas. Mieux, je les remercie même d'avoir involontairement forgé ma force de résilience.

Cependant, tout le monde ne cultivait pas cette résilience. En fait, je me suis aperçu très vite que cette peur du regard des autres était omniprésente chez eux. Autant j'avais appris à m'en accommoder, autant la plupart des habitants du village en étaient esclaves. Je veux m'y arrêter parce que tu vas t'apercevoir que, même si on a changé d'époque, cette dépendance est toujours d'actualité. Mais souvent en bien pire, hélas !

Pour illustrer cette addiction, et afin de faire après un comparatif avec aujourd'hui, je vais t'emmener à la fête foraine et au bal dans mon village, le jour de la fête votive, le premier week-end d'août 1960. Pour le coup, la peur du regard des autres commençait bien avant les festivités.

C'était le père qui disait à sa fille :

— Tu te maquilles trop pour aller à la fête. Je sais ce qu'ils vont penser et je veux pas que ma fille passe pour une putain. Enlève-moi ce rouge à lèvres et change de jupe, elle est trop courte !

La mère qui disait à son fils :

— Arrange-toi un peu. On va voir du monde. Ta veste est fripée, mets plutôt celle du dimanche. Ils vont croire qu'on est pauvres. Et puis, t'es coiffé comme un dessous de bras. Mets du Pento que ça fasse propre !

Et le fils répondait :

— C'est ça ! Et comme ça je vais passer pour un pédé !

Crainte justifiée. LGBT, à l'époque, pour les machos de campagne, ça voulait dire : La Grosse Bonne Tarlouze !

Après, autour des manèges, tous les parents guettaient les regards sur leur progéniture qui, bien sûr, devait être la plus admirable du village. Il n'était que de voir leur fierté quand leur mioche subtilisait la queue du Mickey sous le nez d'un autre. On aurait pu les entendre penser :

— Vous avez vu, c'est le mien ! Il est fort, hein ?

Les « vieilles aux fenêtres » n'étaient pas en reste, évidemment. Elles lâchaient leur mirador quotidien pour déambuler au milieu des confettis en espérant en secret le prétexte à leurs saillies. Tiens, pourquoi pas le boucher tout fier d'être le meilleur au stand de tir aux pipes en terre ? Il n'en ratait aucune. Et à chaque fin de série, il se retournait pour chercher de l'admiration dans les yeux des témoins.

Bingo pour les vieilles !

— Eh ben, tu vois Yvette, s'il tirait sa femme aussi bien, ça lui éviterait d'en faire à son cousin.

— De faire quoi à son cousin ?

— Ben, des pipes !

Je ne te garantis par la totale authenticité des propos. Je brode un peu pour le plaisir. Mais c'était l'esprit. En revanche, pour le bal d'après, tout ce que je vais te raconter est rigoureusement exact, dialogues de « vieilles aux fenêtres » compris. Il y a des violences qui vous marquent à vie quand on est môme. Et tout ça à cause d'un regard. Et de la peur de passer pour un lâche en cas d'honneur bafoué.

C'était un couple. Des cousins. Jeunes, beaux. Christian et Marie-Josée. Elle, très jolie, aguichante, gaie, amoureuse.

Lui, beau aussi, sportif, mais jaloux comme un tigre. Je les regardais tournoyer sur la piste. Par moments sa robe d'été remontait dans le mouvement sur le haut de ses cuisses. Les vieux grigous ne la quittaient pas du regard. Comme le matou au pied de l'arbre qui guette le moineau sur la branche.

Moi, j'avais eu la permission d'accompagner Maman au bal jusqu'à 22 heures. De toute façon, après, c'était le feu d'artifice à l'autre bout du village et je ne l'aurais manqué pour rien au monde. J'étais assis sur une des banquettes en bordure du parquet de danse. Juste à côté des « vieilles aux fenêtres ». Tu penses bien ! Aux premières loges pour débiner les couples.

Parenthèse heureuse.

C'est le plus beau souvenir que j'aie de Maman. Sa robe blanc-rose Vichy qui vole au rythme d'un paso doble. Ses longs cheveux bruns aussi. Belle. Apaisée. Riante. Pour exorciser les heures d'usine épuisantes, la précarité et les délations. Au regard des autres, fille mère c'était d'abord fille. Et même fille de mauvaise vie. Alors qu'elle était d'abord mère. Et qu'elle passait sa vie à être bonne.

Je crois que si je devais peindre ma vision du monde, ce serait Maman dans ce cadre-là. Les flonflons. L'insouciance. La joie de vivre d'un être libre. Et en arrière-plan, les autres et leurs sales arrière-pensées au fond des yeux. Entre l'envie libidineuse d'elle pour les uns et la discrimination pour les autres. La nature humaine dans toute sa splendeur et sa bassesse.

Fin de la parenthèse heureuse.

Et retour au bal.

Une bande de jeunes rugbymen bien éméchés commentaient de loin les déhanchements de Marie-Josée. Soudain, le plus costaud s'est approché à quelques centimètres d'elle, le regard fixé sur ses seins. Juste un regard. Et c'est parti ! Christian a envoyé une droite. L'autre a répondu. Deux amis de Christian sont arrivés à la rescousse et les rugbymen n'ont pas été en reste. Une bagarre bien de chez nous comme il y en avait pratiquement chaque fois quand on mettait dans le même poulailler des coqs et des poules. Avec quelques verres d'alcool en guise de graines. La piste du bal, c'était devenu « Danse avec les chtars » ! (Pour ceux qui ignorent l'argot, le chtar, c'est un coup de poing.)

Et puis tout ça s'est calmé. Christian était assis par terre, l'arcade ouverte et la lèvre bien fendue, aux bons soins de Marie-Josée, son infirmière d'occasion. Combat en un round. Le verdict des juges a été sans appel. Je parle bien sûr de celui des « vieilles aux fenêtres ».

— C'est bien fait pour lui. Il avait qu'à pas se marier avec une belle !

— C'est pas à moi que ça serait arrivé.

— Pourquoi ? Tu te trouves moche ?

— Non, je dis ça pour mon mari, le pauvre Émile. Il ne se serait pas battu pour moi. Il n'était pas très courageux.

— Avant de mourir, il t'a quand même supportée pendant cinquante ans. Si ça c'est pas du courage !

Les vieux du *Muppets Show* avant la lettre.

Donc, de la violence à cause du regard d'un autre. Mais une violence relative. Presque une tradition à l'époque. Des coups de poing, de pied. Mais pas d'arme létale. Aujourd'hui, pour le même regard, c'est un couteau qui sort. On tue sur les trottoirs. Ta page faits divers te le rapporte régulièrement.

C'est ça que j'appelais plus haut la dépendance en pire. Et ça s'applique à tout ce que je t'ai raconté depuis que je t'ai emmené à la fête. Entre mon enfance dans les années soixante et aujourd'hui, la peur du regard des autres engendre les mêmes atteintes. Mais les réactions sont exacerbées par la perte de valeurs et de mesure. Des réactions démultipliées par l'omnipotence des réseaux sociaux.

La fille dont le père ne voulait pas qu'on la prenne pour une putain exhibe son rouge à lèvres et sa jupe ultra-courte sur la toile. Formatée par les influenceuses et les filles de la télé-réalité, elle aguiche, elle suggère. Alors forcément le déferlement d'insultes la renvoie de sa page Instagram aux ordures du caniveau. Pareil pour le gamin qui a remplacé le Pento par le gel Dop. Un piercing, une mèche rose et ça mitraille. Pédale ! Tafiole ! Avec la différence capitale qu'on est passé du communal au national, voire à l'international.

Avec parfois le drame absolu. Le gamin au bout du harcèlement qu'on retrouve pendu à une poutre. Parce qu'il croit que la terre entière lui crache dessus. Moi, je me pendais seulement au cou de Maman. Un câlin, un conseil et j'étais presque guéri. Là, les blessures sont profondes et chaque message haineux propage l'infection. Ça change tout.

Pareil pour les mômes qui chapardaient la queue du Mickey à d'autres sur les manèges. Ce sont les *winners*, les grands gagnants d'aujourd'hui. Ceux qui ont réussi socialement au-delà des autres. Classés souvent sur les réseaux dans la confrérie des salauds. Alors, par aigreur, ça donne des insultes, des menaces. Et parfois même une cible dans le dos.

Et nous voilà donc esclaves d'une peur estampillée de logos de choc : TikTok, Instagram, WhatsApp, Snapchat, X ex-Twitter.

Un conseil pour échapper à ce virus ? À la peur de voir sa vie bouleversée en une seconde par des simples « clics ». À vrai dire, je n'en ai pas. À part prendre ces « clics » et, pour le jeu de mots incertain, y ajouter ses « claques » pour partir à l'isolement total sur une île déserte.

Un ami me dit :

— Moi je l'ai, la solution. Je ne regarde jamais ces trucs-là.

— Toi non, mais les autres oui.

C'est bien ça le problème insoluble. Personne n'est à l'abri. La délation sur les réseaux, c'est du monoxyde de carbone. Ça peut te tuer sans que tu en aies soupçonné la présence. Imprévisible et redoutable.

Le plus terrible dans tout ça, c'est l'inversion de la peur pour les détenteurs de l'autorité. Profs, flics, maires, toubibs entre autres. Ceux que l'on craignait sont aujourd'hui les plus inquiets au moment d'assumer leur rôle de garants d'une république juste et ordonnée. Avec une incitation à la haine permanente entretenue par la délation numérique.

Les mômes de mon époque redoutaient la mauvaise note, la punition. En cas de délinquance même minime, il y avait la peur du gendarme. L'édile, le bienfaiteur, le docteur étaient intouchables. Aujourd'hui ce sont eux qui tremblent. On attaque les commissariats, on a brûlé des maisons de maire. On lance des cailloux sur les pompiers. On agresse des toubibs aux urgences et même dans leurs cabinets. Tu as cent fois entendu cette phrase :

— Il faudrait que la peur change de camp.

En fait, il faudrait juste qu'elle revienne dans celui qu'elle n'aurait jamais dû quitter. Pas celui de la répression aveugle. Juste celui du respect mutuel. Parce que c'est contre nature de voir le gendarme terrorisé par le voleur, le pompier par celui à qui il vient sauver la vie, le médecin par le patient, le maître par l'élève.

Allez ! pour résumer, je t'offre la phrase qui fait applaudir les gens debout quand je la balance dans mon spectacle *Hommages et dessert* : « Je viens d'une époque où on caricaturait la tête de nos profs sur le tableau noir. On ne la leur coupait pas. »

Pour illustrer cette dérive générale, je vais m'arrêter à Nadia.

Ça a commencé il y a deux ans, par le coup de fil d'un ami ex-rugbyman devenu policier dans le Sud.

— Je sais que tu passes aux arènes de Nîmes samedi. Après le spectacle, est-ce que tu pourrais recevoir une amie très chère, la veuve d'un collègue ?

Je l'ai reçue. C'était une petite femme fragile au regard noir à la fois triste et déterminé.

Elle m'a demandé :

— Tu pourrais faire une petite vidéo pour mon fils ? Il aurait adoré être là, mais il ne peut pas. Il est en prison depuis un mois.

— Qu'est-ce qu'il a fait comme connerie ?

— C'est pas une connerie. Il a voulu venger son père.

Et elle m'a raconté toute l'histoire. L'illustration tragique de la peur qui s'est inversée dont je te parlais plus haut. Slimane, son mari, était flic. Un modèle pour la république, un traître pour ses frères des cités. Après avoir fait tomber un gros dealer, il y a eu des menaces lourdes. Sur lui, mais encore plus sur Nadia et Rayan, son fils. À bout de harcèlement, il s'est tiré une balle dans la tête avec son arme de service. Pas par peur pour lui-même, par amour pour eux. Il l'a écrit dans sa dernière lettre. Nadia a sorti cette lettre de son sac à main pour me la faire lire.

Elle était poignante et se terminait par :

« C'est juste moi qu'ils aimeraient détruire à travers vous. Ne m'en voulez pas, mais le seul moyen pour qu'il ne vous arrive rien, c'est que je disparaisse. Je vous aime tant. »

J'ai failli en chialer. Et puis elle m'a raconté la haine de son fils. Son envie de vengeance. À peine une semaine après la mort de son père, il a organisé une expédition punitive qui a mal tourné. Une des racailles qu'il avait agressées a fini paraplégique. Cinq ans de prison.

Et, là, elle m'a fait une demande particulière :

— Je sais que tu es ami avec le ministre Dupond-Moretti. Il ne pourrait pas intervenir pour le faire libérer ?

— Je suis désolé, je te comprends, mais là, je ne peux rien faire.

Elle a argumenté.

— Ces salauds ont tué mon mari. En se vengeant, Rayan a juste voulu rétablir la justice.

Alors je lui ai balancé une phrase que j'ai déjà citée dans un de mes livres, mais qui est primordiale. C'est d'ailleurs Dupond-Moretti qui me l'avait fait connaître :

La justice est une administration avant d'être une vertu.

L'entretien avec Nadia s'est terminé sur un dernier échange.

J'ai demandé :

— Tu n'as pas peur qu'il recommence quand il va sortir ?

Elle m'a fixé, dure :

— Ah non ! Au contraire, je l'espère. De toute façon, je n'ai plus peur de rien.

Permets-moi, pour conclure ce passage, de rendre hommage à tous ces hommes dévoués à notre sécurité, notre santé et notre éducation que l'État, en les ignorant, jette en pâture à des chiens féroces au nom d'une idéologie faussement humaniste. Alors quitte à passer une fois de plus pour le réac de service, j'assume pleinement de te le dire :

— Ce sont ceux qui cautionnent cette société injuste et dégueulasse qu'on devrait condamner et mettre au trou. Pour crime contre la dignité.

Pour redevenir plus léger, je m'aperçois que dans mes peurs d'enfant de l'autorité, j'ai oublié de m'arrêter au curé. Je vais le faire, avec un petit détour par la crainte du jugement de Dieu, que je développerai plus amplement dans le prochain chapitre consacré à la peur de l'irréel : religion, malédiction, superstition, astrologie entre autres.

À douze ans, j'ai été enfant de chœur à Argentat, en Corrèze. Le curé était un homme bon et doux. Je n'avais pas peur de lui à proprement parler, mais je ressentais une légère appréhension due à son statut d'intermédiaire entre Dieu et moi. Ce qui m'a poussé à certaines précautions qui vont te paraître probablement ridicules, voire risibles.

Douze ans, c'est donc l'âge de mes premiers pas comme enfant de chœur, mais aussi celui de mes premières masturbations. N'y vois aucune relation de cause à effet. Mais un lien, toutefois. La phrase que nous serinait le plus souvent le curé, pour nous éloigner du péché, c'était :

— Dieu est partout. Il voit tout.

Et c'est pour ça qu'en conservant quand même un peu de logique cartésienne, pour me masturber, dans mon lit, je me recouvrais totalement des draps et de la couverture. Pour que Dieu ne me voie pas, évidemment. Comme je te l'ai dit, plutôt risible, mais bon ! La peur de l'inconnu nous pousse à des réactions bien plus saugrenues. À l'époque, j'ai entendu parler d'une bigote qui avait caché des pièces d'or dans l'église par crainte que le diable les transforme en plomb. Elle se les est fait gauler par le sacristain.

Comme quoi, la piété ne protège pas de la connerie !

Pour en revenir au curé, je lui ai avoué ma première masturbation en confession. Sa première question m'a surpris :

— Et tu pensais à quoi pendant que tu le faisais ?

— Ah, non, je veux pas vous le dire !

Avouer le péché d'accord, mais hors de question d'y mêler ma voisine. Raisonnement primaire. Dans mon fantasme, elle se livrait à tous les excès. Va savoir si mes aveux détaillés n'auraient pas changé son regard sur elle.

Il a insisté :

— Tu comprends bien que si tu ne me dis pas tout, je ne peux pas te donner l'absolution.

Il me l'a donnée quand même.

Avec le recul, je me pose quand même des questions sur l'insistance qu'il mettait à connaître tous les détails de ma luxure. Voulait-il m'entraîner vers la sienne ? Avec ce que j'ignorais à l'époque mais que je sais aujourd'hui des dérives sexuelles de certains prêtres subsiste quand même un doute. D'autant qu'une semaine plus tard on m'a remplacé par un autre enfant de chœur. Je précise toutefois que ce prêtre-là a toujours été excessivement correct. Ni allusion, ni attouchements, ni tentative de quoi que ce soit. Alors une affirmation loufoque pour conclure sur un sourire :

Les voies du seigneur sont impénétrables Sans doute devais-je l'être aussi.

Tu as vu ? J'ai terminé ma citation sans point d'exclamation. Un progrès par rapport à mes livres précédents dans lesquels j'avais tendance à en abuser. Cette précision pour faire le lien afin d'étudier encore un peu plus la nocivité du regard des autres à travers les réseaux sociaux. Et là, je vais ramener le sujet de ce chapitre à mon cas exclusivement personnel. Pas pour mon *ego*, mais pour étayer ma démonstration générale.

L'été dernier, un critique littéraire, ou prétendu tel, a passé son temps chaque semaine à démolir sur la toile un à un tous mes bouquins. Je ne lui accorde que le mérite de les avoir lus. C'est déjà ça ! Tant de gens les jugent sans en avoir feuilleté une page.

Un de ses reproches, le moindre, portait sur mon utilisation trop fréquente du point d'exclamation. C'est le seul dont j'aie tenu compte en le raréfiant. Un autre était que j'abusais des métaphores. C'est vrai. Mais là, je continue. Sans réserve. Des remarques anodines, somme toute.

En revanche, les autres reproches étaient d'une violence et d'une malhonnêteté intellectuelle rares. Sa haine de moi transpirait à chaque ligne. Il mettait en doute la véracité des anecdotes, m'insultait, déformait mes propos pour m'attribuer toutes les tares. Sexiste, raciste, homophobe, chantre de la culture du viol. En détournant ou sectionnant mes phrases avec une mauvaise foi crasse pour justifier son fiel. Diffamatoire et infect.

Pourquoi tant de haine ?

Sans doute une frustration professionnelle (voire sexuelle, c'est courant), ajoutée à une vanité intellectuelle le situant au sommet de l'intelligence. Avec un mépris assumé pour le saltimbanque grossier et inculte que je suis à ses yeux. Ils sont des centaines comme lui à se nourrir sur la toile d'une aversion chronique dictée par des faux bons sentiments, des indignations de circonstance. Alimentée surtout par une indicible jalousie de caste.

— Ben oui ! qu'est-ce que c'est que ce clown grossier qui vient nous concurrencer, nous, les vrais écrivains ? Et ses livres, il en vend, en plus. Quelle imposture !

Je me suis permis cet aparté pour deux raisons.

D'abord par générosité cynique. En écrivant ces mots, je donne l'occasion à cette tête d'haineux de remplir à ras bord la cuve à fiel dans laquelle il aime tant s'ébattre. Et je sais qu'à la fin de la lecture de ce livre-là il va s'en donner à cœur joie. Je lui souhaite un bon bain. Et ensuite, cela me permet de rebondir sur la nocivité des réseaux dits sociaux où n'importe qui peut écrire n'importe quoi. En toute impunité, hélas !

Censeur ? Ah non ! Loin de moi, en ce qui concerne ce critique, l'idée de l'empêcher de vomir sa bile. Au contraire de lui qui souhaiterait que mon éditeur cesse de me cautionner. Que je renonce à écrire. Qu'on retire mes livres de la vente. À deux doigts de l'autodafé. Le comble de la dictature pour un prétendu chantre de la tolérance universelle.

« La bave du crapaud n'atteint pas la blanche colombe », dit-on.

Métaphore inappropriée en l'occurrence. Cet homme n'est pas plus crapaud que je ne suis colombe. Pas plus méprisable que je ne suis haïssable. C'est juste un de ces Torquemada des temps modernes comme il y en a tant. Intelligents, fins analystes certes, mais la rage au ventre. Frustrés, hautement prétentieux, pétris de certitudes hargneuses. Nocives bien plus pour eux-mêmes que pour ceux qu'ils étrillent. Plus à plaindre qu'à blâmer. Aimer est un plaisir, haïr est une douleur. Dommage ! Il leur suffirait juste d'un peu plus d'humilité et de droiture pour que nous soyons amis.

Allez ! on quitte mon cas personnel et la fange des réseaux sociaux pour aborder une autre facette de la peur du regard de l'autre. Tout ce que nous infligeons à notre apparence pour plaire, séduire ou tout simplement ne pas être rejetés par la société de l'image. Le paraître, l'étalage, la frime. La peur de se montrer tel qu'on est vraiment. Et donc tout faire pour le bien qu'on voudrait que les autres pensent de nous.

Le sujet est si vaste qu'il faudrait plusieurs volumes pour en faire le tour. Pour synthétiser, on peut retenir que par peur de passer pour des êtres inférieurs, la majorité d'entre nous tente de se montrer plus belle, plus riche et plus intelligente qu'elle n'est. Et c'est souvent au détriment de la réalité.

Pour illustrer la différence entre l'apparence et cette réalité, d'abord la saillie d'un ami briviste sur l'ostentation supposée des habitants de mon pays natal :

— C'est la ville de France où il y a le plus de BMW avec des pneus lisses !

Caricatural bien sûr.

Mais assez bien vue, cette métaphore qui colle à tant de villes de la province profonde. La priorité donnée au superflu au détriment de l'essentiel. Pour faire croire que. Pour exister un peu mieux que le voisin. Péché de vanité ? Mythomanie ? À peine. Juste une faute d'importance au générique du film de nos vies. Le figurant aurait bien aimé être premier rôle. Alors il compense avec des effets spéciaux.

Les escarpins de marque qui serrent, plutôt que la chaussure ordinaire dans laquelle on est à l'aise. La voiture plus large que le garage. La piscine allumée toutes les nuits. Ça coûte en EDF, mais comme ça le voisin ne peut pas soupçonner qu'on est à découvert. La nounou philippine. Bon, elle ne maîtrise pas bien la langue, mais ça a quand même plus de gueule qu'une Auvergnate !

On peut y ajouter la nourriture sacrifiée dans l'assiette au profit des frais de « m'as-tu-vu ». Frites et pâtes à volonté pour compenser les dépenses de pergola, de fringues de luxe, d'Iphone 16, de système d'alarme dernier cri. Au cas où les voleurs, pillant le frigo, voudraient se gaver de Danette qui ont dépassé la date limite de deux mois.

Des sacrifices, donc. Matériels, mais pas que. Humains aussi.

Des choix parfois cruels quand certains cachent leur vieux en EHPAD. Un Alzheimer à l'apéro des copains, ça pourrait gâcher l'ambiance. Note aussi quand on squeezze l'ami d'enfance à la noce. On ne va pas imposer un cantonnier de la DDE cégétiste au maire LR. Ça ferait tache. Et puis encore, par crainte de l'amalgame d'image, quand on trouve un prétexte pour ne pas être accompagné en soirée par l'amie trop grosse, le copain trop laid.

J'ai même assisté à une scène hallucinante dans un parc où jouaient des enfants. Une maman était assise sur un banc tout près de moi. En désignant une blondinette sur le toboggan, elle s'est extasiée auprès de sa voisine :

— Elle est belle cette gamine ! Vous ne trouvez pas ?

— Si. Très belle

— C'est ma fille. Et la vôtre, c'est laquelle ?

— Aucune. Je suis juste là pour me détendre.

Quand la maman et sa blondinette ont quitté la place, j'ai vu la voisine de banc se diriger vers une môme rachitique et disgracieuse qui avait du mal à se déplacer, la prendre par la main et s'éloigner avec elle. Le pire, c'est que cette môme pleurait depuis un bon moment, et qu'elle a attendu que la maman et sa blondinette soient parties pour aller la récupérer. Indigne. Pile dans le sujet de ce chapitre : la peur du regard de l'autre.

Par bonheur, par peur de ce regard, il y a des ostentations qui prêtent plus à sourire qu'à s'indigner. Je parle de certaines contradictions. Entre autres, la star qui met des lunettes noires pour qu'on la reconnaisse. Le raciste bronzé comme un pruneau. La lesbienne cheveux courts, taillée comme un routier, la réplique parfaite de tout ce qu'elle déteste chez l'homme. Sans oublier, par peur de passer pour avoir un « micropénis », le pantalon moule-bite si proéminent qu'on devine que la virilité a été ajoutée de manière artificielle. Donc, l'effet inverse de celui escompté.

Allez ! en illustration, une parenthèse gaie pour aérer. J'ai le souvenir de l'enregistrement d'une émission de Guy Lux. Avec en guest un chanteur sex-symbol international. On a remarqué, avec mon pote Olivier, le gonflement de l'entrejambe de la star qui paraissait disproportionné. Et surtout géométriquement mal cadré.

La suite nous a prouvé que notre pronostic était le bon. Plus la star se trémoussait, plus le rembourrage glissait vers le bas sans qu'il s'en rende compte. Quand la prothèse occasionnelle de coton est arrivée presque à mi-cuisse, mon bon Olivier a eu la réplique de concours :

— Si ça continue, c'est plus une paire de couilles qu'il va avoir. C'est un épanchement de synovie !

Et puisqu'on est dans le domaine artistique, restons-y.

Parce que s'il y a bien une catégorie professionnelle pour laquelle la peur du regard des autres détermine tout, c'est celle-là. Avec toutes les précautions, voire les tricheries que cela suppose. Normal. Tout est bon pour capter et surtout conserver l'admiration du public. Et pour cela, il y a deux obligations incontournables : le look et le comportement.

Le look, c'est la photo sur le passeport pour le succès. Taille, âge, poids. Signe distinctif : géant. Avec toutes les astreintes que cela suppose. Des heures de maquillage, coiffure, habillage. Et au fil des transformations génétiques, teintures, implants, régimes, dopage, et bien sûr, souvent, chirurgie esthétique. Oublions-la, celle-là, pour l'instant. Je finirai le chapitre avec elle. Ce sera l'occasion enfin d'en justifier le titre qui, une fois de plus, doit être une énigme pour toi : « Madame Tardivet ».

Le look est important pour chacun de nous, quidams ordinaires. Mais la crainte du regard des autres est démultipliée chez les artistes. Leur pérennité en dépend. L'empreinte dans les yeux de leurs fans peut s'estomper au moindre écart. Je me souviens de Serge Lama, débraillé, bancal et expansif. Une photo de lui trop sérieux à la une d'un magazine en smoking et nœud papillon lui avait fait perdre une partie de son public.

Gainsbourg l'avait fait aussi, le temps d'une pub. Rasé. Clean. Mais c'était de la provoc. Il a vite réintégré son corps fragile à la peau fripée, ses joues rêches et son regard glauque.

Il m'avait dit, une nuit d'ivresse :

— Ma laideur, c'est ma beauté.

J'avais répondu :

— T'es quand même pas Delon.

— Oui, mais Delon n'aura jamais la chance d'être Gainsbourg.

Beaucoup de ceux qui, par peur du déclin annoncé, ont voulu courir après une beauté convenue y ont laissé des plumes. Surtout après un certain âge. Ce qu'avait imagé un ami, avec ses mots à lui, en croisant sur un plateau de télé un vieux chanteur pour dames :

— Celui-là, il va finir par se faire attaquer par un pitbull orgueilleux !

— Pourquoi tu dis ça ?

— T'as vu sa gueule ? Des cheveux comme du charbon sur une gueule de soixante-quinze balais. On dirait la fourrure d'un caniche noir sur la tronche d'un shar-pei. Y a offense ! Une insulte à la race canine !

Le vrai problème pour beaucoup d'artistes, c'est la dichotomie. Il arrive qu'avec le temps le look ne corresponde plus à l'âme de celui qui le trimbale. Mais pas question de l'abandonner par peur de perdre une partie de l'auditoire. J'en ai connu tant qui auraient aimé jeter la veste à paillettes, la robe élégante, la coiffure laquée. D'autres le bandana, le tee-shirt froissé, le jeans troué. Mais bon, Vartan en jogging et tongs ou Gims sans lunettes en complet veston, y aurait du remous chez les aficionados. Et qui nous dit qu'Aya Nakamura ne rêve pas d'une robe de bure et Mylène Farmer d'une coupe au bol ?

Mon amie Cathy, fan de Farmer, se cabre :

— Ma Mylène avec la tête de Mireille Mathieu ! Là tu délires un peu.

— Et pourquoi pas ? Si elle en avait vraiment envie !

— Ça ne serait plus elle.

— Pour toi non. Mais pour elle, oui.

Bien sûr que je délire. Mais c'est pour l'exemple. On est en plein dans le sujet : la peur du regard des autres qui prend le pas sur le regard sur soi. Malheureusement, bien souvent, pour les artistes, cette peur génère des doutes, des schizophrénies, des pertes de repères qui font le bonheur des psychiatres et parfois des barmen, des toubibs charlatans et des dealers. Est-ce qu'Elvis n'en avait pas marre de Presley, Mike de Brant, Nino de Ferrer, Mickael de Jackson, Norma Jean de Marilyn ? Emprisonnés dans leur image par la peur du regard des autres au point de décider de se séparer d'eux-mêmes.

Un contre-exemple en parenthèse. Pas une mégastar. Mais aujourd'hui l'animateur français le plus populaire. Mon ami Jean-Luc Reichmann qui a fait de sa tache de vin son emblème. En tenant tête au regard des autres. Après l'avoir maquillée dans les premiers temps, il a décidé de l'exhiber. En accord avec lui-même. En bannissant l'artifice du fond de teint. Va savoir si ce n'est pas aussi ça qui fait qu'aujourd'hui il vogue sur un succès populaire inaltérable et mérité ?

Peut-être une leçon pour beaucoup d'artistes. Pour toi aussi, si tu es tellement avide de plaire à tout prix que tu en oublies l'essentiel : il est plus important de cultiver ce qu'on est que ce qu'on montre. Quels que soient nos réticences, nos complexes, nos craintes, nous devons tout faire pour ne pas être esclaves du regard des autres.

Cocteau disait :

— Ce qu'on te reproche, cultive-le.

Pour moi, ce sera une métaphore supplémentaire. Avec point d'exclamation.

Se regarder dans un miroir qui allonge la silhouette, ça n'a jamais fait maigrir personne !

Après le look, le comportement, donc. La deuxième obligation incontournable pour capter et conserver l'admiration du public.

Au moment où j'écris, on est en plein procès Depardieu. La parfaite illustration de la peur que peut générer le regard des autres si on est une célébrité. Une lapalissade : la main aux fesses d'un plombier sur une ménagère n'aurait évidemment pas le même retentissement. Je ne porterai pas de jugement, le tribunal le fera. Mais je t'avoue que chaque compte rendu d'audience en boucle sur les chaînes infos alimente ma propre peur.

Je n'ai strictement rien à me reprocher d'inavouable. Mais je ne peux m'empêcher d'envisager une tordue en espérance de lumière médiatique qui m'accuserait à tort de tous les maux. Avec, en plus, pour le personnage trivial et libertin que j'affiche, la sentence qui irait obligatoirement avec :

— Ça ne nous étonne pas !

Et nous voilà tous, nous les « peoples », contraints à une prudence extrême de comportement. En perpétuelle précaution d'innocence. Obligés d'anticiper l'effet dévastateur que pourraient avoir sur le regard des autres un geste, une parole hasardeuse. Avec le point rouge de la mire d'un sniper potentiel sur le front. Surtout depuis que le portable a fait de chaque individu un paparazzi.

Le revers de la médaille de la célébrité, disent certains.

Tu parles d'une médaille ! En choisissant ce métier, je n'avais pas du tout l'intention de participer aux Jeux olympiques de la calomnie.

Allez ! on va s'amuser un peu. Je vais te proposer quatre situations où un « people » pris sur le fait par une vidéo risque de voir son image de marque écornée, voire détruite.

1. Jean-Luc Mélenchon qui sort de la Maison du caviar, les bras chargés des achats qu'il vient d'y faire.

2. Le prince Albert de Monaco au bras d'une pute dans une soirée mondaine.

3. Sandrine Rousseau qui claque une bise à Bigard à la terrasse d'un café.

4. Éric Zemmour collé à une danseuse orientale dans un restaurant marocain.

Farfelu, soit, mais impitoyable si ça arrivait vraiment. En précisant quand même que, sur ces quatre propositions, il y en a une qui est authentique.

J'en ai été témoin.

Bonne devinette !

Le bon comportement d'une « vedette » passe aussi par des égarements bien plus pervers. Parce que en ce qui concerne les quatre cas que je viens de citer, le mal n'est pas bien grand. Beaucoup plus sournoise, il y a la tricherie opportuniste. Les bons sentiments et la compassion obligatoire. L'obligation de respecter tous les codes de la bienséance. Par peur panique d'écorner l'image de marque.

Pour le « people » en recherche d'estime, ça passe par l'exposition d'une générosité à toute épreuve. Parfois en totale opposition avec sa conviction. Des tolérants en façade racistes en profondeur. Des vrais méchants trichant la gentillesse. Avec des déclarations publiques toujours dans le sens du vent de la bien-pensance.

Seriner qu'on aime les bêtes, les enfants, les handicapés, la planète. Et pour coller à l'air du temps, s'offusquer pêle-mêle des quartiers aux mains des dealers, des agresseurs au couteau. De Trump, de Monique Fourniret, de Poutine, de Nordahl Lelandais. Encenser les infirmières, les secouristes, Gisèle Pelicot. Se prosterner devant les bienfaiteurs historiques de l'humanité : pour les gloires internationales, Gandhi, Mandela, Martin Luther King. Chez nous, Simone Veil, Jean Moulin, l'abbé Pierre.

Oups ! pardon ! Boulette.

J'en étais resté au classement des personnalités préférées des Français, il y a dix ans. Classement voté par les mêmes qui aujourd'hui mettraient le cureton vicelard sans doute en tête des personnalités les plus détestées. Avec raison. Mais ce revirement d'opinion te donne la mesure de la valeur aléatoire de nos jugements. Alors, précaution, précaution, précaution ! Avec, comme je te le disais plus haut, des tricheries de compassion XXL.

C'est l'attachée de presse qui propose à son poulain chanteur son plan promo :

— Bon, pour ton nouvel album, faut qu'on rectifie le tir ! Tu t'es fait gauler à te faire une ligne, faut réparer ça. Donc, dans ce cas, la solution indiscutable, c'est priorité au caritatif. Ça tombe bien, y a ce qu'il faut. N'oublie pas que ta clientèle principale ce sont les nanas. Donc, je t'ai booké une émission pour les femmes battues, une autre pour le cancer du sein.

— OK !

— Je t'ai aussi programmé un concert pour les migrants.

— Je ne suis pas très chaud.

— Ça se passera à Cannes, en marge du festival. À l'occasion d'un film sur la détresse de ces gens-là. Je t'ai déjà réservé une suite au Martinez.

— Alors là, oui ! Gratuit ?

— Oui. Mais si ça te fait vendre deux mille albums, ça te fera du dividende et des droits d'auteur.

— OK… Je ferai bien aussi la soirée du Sidaction. La communauté LGBT m'adore.

— Oui, bof ! Si tu y tiens, mais l'audience est vachement en baisse. Comme le Téléthon, d'ailleurs. Je te l'ai évité. Tu feras quand même les Restos du cœur. L'audience chute un peu aussi, mais ça reste une valeur sûre.

Fiction ?

Pas entièrement. Je te jure que certains des propos que j'ai fait tenir à cette attachée de presse imaginaire, je les ai vraiment entendus.

Comme m'avait dit mon bon Coluche :

C'est une fierté d'être un enfoiré pour un soir. Mais c'est nettement moins glorieux d'être un enculé toute sa vie !

Allez, comme promis, un dernier thème pour illustrer la peur du regard de l'autre : la chirurgie esthétique. Celle qui fait de réels miracles. Qui a sauvé de la déprime des milliers de gens qui ont choisi de façonner leur peau pour se sentir mieux dedans. Et, bien entendu, afin de voir changer sur eux le regard des autres Un réel plus au bonheur dans la majorité des cas. Avec le bémol du charlatanisme. Et les accidents, bien sûr. Tape sur Google : Sydney Rome. Une actrice sublime des années soixante-dix. Aujourd'hui, d'opération en opération, elle a la tête de Nicholson dans le Joker.

Terrifiant.

Mais alors, qui est Madame Tardivet ?

Elle n'existe pas. Enfin, pas vraiment. C'est le nom du personnage qu'incarne Michèle Morgan dans un film de 1958 qui est d'une actualité surprenante.

Je résume brièvement. Madame (future) Tardivet n'est pas très avenante. Les traits disgracieux, affublée d'un très long nez. Personne ne veut d'elle, sauf M. Tardivet, un petit instituteur incarné par un époustouflant Bourvil. Il va l'épouser. Gérard Oury, comédien, joue le rôle d'un chirurgien qui va rendre Madame Tardivet belle. La Morgan que l'on connaît. Mais contre l'avis de son mari. Un drame dans lequel Bourvil est bouleversant dans le rôle de celui qui ne veut pas que la chirurgie lui vole la femme qu'il aime comme elle est.

Alors, à la fin de ce film, tout un tas de questions à se poser. Sur l'amour tributaire de la beauté. Le charlatanisme de quelques médecins. La dictature du paraître. La liberté de choix sans tenir compte de l'avis de son conjoint. Mais surtout la plus importante dans le cadre du sujet de ce chapitre : dans une opération de chirurgie esthétique, quelle est la proportion, dans ce désir de changer de peau, entre la peur du regard des autres et la frustration du regard sur soi ?

Je te laisse disscrter là-dessus.

À titre personnel, à la fin de ce film m'est venue une interrogation qui aurait plu à Aerys. Au-delà de l'évidence.

C'est à l'occasion de ce film qu'a débuté l'histoire d'amour éternel entre Gérard Oury et Michèle Morgan.

Donc, question : si Morgan avait eu en réalité la tête de Madame Tardivet au début du film, Oury en serait-il tombé amoureux ?

Artifice ou naturel, il n'y a que toi qui peux choisir. Sans te soucier du regard des autres. Si tu doutes, commence par lifter ton cœur. Pour t'aimer mieux toi-même. Quel que soit ton aspect extérieur. La vraie beauté, c'est celle de l'âme. Elle peut se passer de miroir.

Pour conclure vraiment, je voudrais te confier quels sont les seuls artifices qui m'ont vraiment rendu heureux. Ce sont ceux des feux à la fête votive du village de mon enfance. C'est un des seuls moments où le regard des autres n'était pas braqué sur Maman et moi. Ils étaient trop occupés à s'émerveiller des fusées.

Oh, la belle bleue ! Oh, la belle jaune !

Moi, j'étais blotti contre elle.

Oh, la belle en robe blanc-rose Vichy !

Grâce à elle, le regard des autres ne me fera jamais peur.

Le sien me manque infiniment.

LA MANGROVE
ET LE *TITAN*

Ta cigarette après l'amour, chantait Charles Dumont.

Il y en a une que je ne pourrai jamais oublier.

La jeune femme s'appelait Martine. Elle s'était assoupie sur mon épaule. Au moment où la flamme jaillissait pour allumer ma Marlboro, elle a bondi et a hurlé, en transe :

— Arrête ! Non, non ! Arrête !

Elle a agrippé ma main pour arracher le briquet de mes doigts. Et elle l'a violemment lancé à travers la pièce.

J'ai crié à mon tour :

— Mais ça va pas ! Qu'est-ce qu'il t'arrive ?

Elle a eu le regard fixe pendant quelques secondes, statufiée. Et puis...

— Pardon, excuse-moi... un cauchemar. Je brûlais.

— Comment ça, tu brûlais ?

— Oui… Un bûcher… J'étais une sorcière du Moyen Âge et on me brûlait.

Et, après avoir secoué la tête plusieurs fois, comme pour en chasser les images, elle a éclaté de rire, et elle a dit en s'excusant encore :

— C'est trop con ! Ah là là ! j'ai eu une de ces trouilles.

Elle est à nouveau venue se poser sur mon épaule, et on a fumé la même cigarette ensemble. On a même plaisanté sur cette incandescence que j'ai assimilée à ses qualités sexuelles. Et vers 5 heures du matin, elle a quitté la chambre d'hôtel.

Je lui ai lancé :

— Allez, salut Jeanne d'Arc !

C'est la dernière fois que je l'ai vue éclater de rire avant que la porte se referme sur elle.

Elle allait rejoindre sa petite maison en banlieue.

Sur le périphérique, elle a eu un terrible accident.

Elle est morte, coincée dans sa voiture en flammes.

Calcinée.

Cette prémonition, Martine et moi ne l'avions pas interprétée comme telle, hélas ! Mais l'aurions-nous fait, cela l'aurait-elle empêchée de prendre le volant ? Peut-être se serait-elle méfiée de tout ce qui touchait au feu. Une cuisinière à gaz, une cheminée, un incendie de forêt. Mais de là à imaginer une telle fin tragique ! Une fois de plus, pour moi, c'est arrivé parce qu'il était écrit que ça arriverait.

J'ai en mémoire un autre exemple de prémonition pour étayer ma théorie de l'inéluctable. Cette fois-là, une prémonition interprétée. Par bonheur, sa victime, Michel, un ami, s'en est tirée avec seulement une fracture et quelques ecchymoses.

C'était à la fin d'un repas de copains dans mon antre, à Martel. J'avais accompagné Michel jusqu'à sa voiture. Il devait rentrer chez lui à Gramat, à une vingtaine de kilomètres.

En s'installant au volant, il m'a dit :

— C'est bizarre, j'ai eu un flash tout à l'heure. Je me suis vu avoir un accident. Tu sais que je crois beaucoup à ces trucs-là, moi.

— Je sais. Reste dormir ici, alors.

— Mais non. Tout va bien. En plus, j'ai à peine picolé. À mon avis, c'est parce que hier soir, j'ai revu *Les Blues Brothers*. Tu sais, la scène de poursuite avec les flics où y a plein de voitures qui s'encastrent.

— Oui, ça doit être ça.

— Je vais me méfier quand même.

Quelques jours plus tard, sur son lit d'hôpital, il m'a raconté que, ce soir-là, il avait conduit prudemment. Mais avec, quand même, l'arrière-pensée de sa prémonition. C'était une nuit d'été très lourde. Aux premiers éclairs au loin, il s'est dit qu'il allait sûrement prendre l'orage. Et que s'il devait avoir un accident, ce serait à cause de ça. Il avait déjà eu, un an plus tôt, une sortie de route à cause d'un aquaplaning.

Son raisonnement l'a poussé à accélérer. Pour lui, il fallait rejoindre sa maison au plus vite avant que ça cogne vraiment. Et, évidemment, ce qui devait arriver arriva. Au bout de quelques kilomètres à tombeau ouvert, il a fini contre un arbre.

En l'occurrence, dans son cas, c'est la peur de la prémonition qui a fait qu'elle s'est réalisée.

Il m'a dit :

— C'est fou quand même, si je n'avais pas tenu compte de la prémonition, j'aurais pas bombardé et ça ne serait pas arrivé. Je suis trop con.

Et, bien entendu, j'ai répondu :

— Mais non, t'es pas con. Ça serait arrivé quand même. C'était écrit comme ça.

Je t'ai exposé ces deux prémonitions en tête de ce chapitre consacré à l'appréhension de l'irréel pour rester dans la droite ligne du fondement de ce livre : s'efforcer de ne céder à aucune peur, puisque, pour moi, quelles que soient les relations que l'on ait avec l'occulte, tout est préétabli et inéluctable.

J'écris cela parce que ce sont justement nos peurs qui nous dirigent vers la religion, les sectes, ou les sciences divinatoires avec l'espoir secret de changer le cours des choses. Pour ce qui est de ces dernières, les sciences divinatoires, des études très sérieuses ont démontré que c'est dans les périodes de guerre que l'astrologie atteint des pics de fréquentation. Donc, que la peur est omniprésente. Ces études ont démontré aussi que les plus grands adeptes de cette science sont des gens en situation d'angoisse du futur. Chômeurs, précaires, femmes seules au foyer. Retraités qui sentent la mort s'approcher avec toute la crainte de la maladie ainsi que de l'inconnu que cela peut générer.

Prémonitions, donc. Visions, synchronicités, superstitions, malédictions, religions, vaticinations, médiumnité, je vais consacrer ce chapitre à la peur de l'inexplicable. Avec l'objectivité de reconnaître le mystère plus que troublant de certains phénomènes paranormaux. Mais aussi l'abus de confiance de prétendues sciences divinatoires.

L'astrologie et ses dérivés, d'abord.

J'ai eu la curiosité, quelques années après la mort de mon fils en moto, d'aller rechercher sur le Net son horoscope du 15 juillet 1990, date du drame. Il était né un 5 décembre. Résultat : Sagittaire : voyages favorisés !

Quelle clairvoyance !

Alors si tu lis un jour qu'un scorpion risque l'accident, ou qu'un bélier va avoir un contretemps en affaires, c'est le moment de prendre le volant en toute tranquillité si tu es astrologiquement du premier signe, et si tu es du second, de ne pas avoir peur de jouer en Bourse.

Pour moi, l'horoscope, c'est le bonneteau de l'astrologie qui elle, dans son entité, offre quand même beaucoup plus de garanties de sérieux. Un attrape-gogo où chaque signe est divisé en trois tranches : premier des cons, deuxième des cons, troisième des cons. Devos en avait fait un sketch magnifique :

Il y a huit jours, je vois dans mon horoscope : discussions et brouilles dans votre ménage. Je vais voir ma femme. Je lui dis :

— Qu'est-ce que je t'ai fait ?

— Rien.

— Alors pourquoi discutes-tu ?

Et depuis, on est brouillés !

Et pourtant, chaque jour des millions de gens se basent sur ces prétendues prédictions pour agencer leur emploi du temps, organiser des rencontres ou les fuir, utiliser leur argent, resserrer ou délier des liens familiaux. Décider de directions à prendre pour leur métier, leurs amours, leur santé. Avec toutes les réussites, mais aussi les fausses routes que cela suscite. Et bien entendu, les peurs qui en découlent.

Une « science » réservée aux faibles d'esprit, aux influençables alors ?

Oh que non ! Depuis cinq mille ans avant Jésus-Christ, date approximative de sa création à Babylone, l'astrologie a accompagné dans leurs décisions une foule de grands de ce monde. Elle a fait déclarer des guerres, manipuler des peuples. Elle a contribué au sacre ou à la chute de monarques.

Pour rester au plus près de nous, François Mitterrand en était un adepte régulier. À chacun de juger selon sa sensibilité politique de l'efficacité de cette addiction. Selon Elizabeth Teissier, son astrologue attitrée, il consultait régulièrement. Alors bien sûr, de prime abord, c'est un peu inquiétant d'imaginer que le détenteur entre autres de la puissance nucléaire puisse s'en remettre à une pratique aussi aléatoire. Et même, en moins grave, s'en inspirer quand il s'agit de décisions pour un choix de politique intérieure.

Tu imagines la discussion (imaginaire et farfelue, bien sûr), au début de la cohabitation de 1986, pour choisir un Premier ministre :

— Bon, qu'est-ce que je fais, Babeth ? Je prends qui ? Le grand con corrézien ou le goitreux ? Ils sont quoi comme signe ?

— Chirac est sagittaire, et Balladur taureau.

— Ça veut dire que le mou aurait quand même des couilles ?

— Faut voir. En tout cas, Chirac a Vénus en scorpion. Comme toi.

— Ça c'est pas une surprise, il nous est arrivé de baiser la même. Une journaliste.

— Écoute, faut que je bosse un peu, mais dès que j'ai bien croisé les thèmes astraux, je te dirai lequel des deux te desservira le moins.

— Si tu peux me faire ça vite, j'ai une allocution à la télé pour l'annoncer après-demain.

— OK... À propos, mets un slip bleu.

— Ça va me porter bonheur ?

— Non, mais c'est celui que je préfère.

Cela supposerait qu'il y ait eu autre chose qu'une liaison divinatoire entre eux ? Mais non voyons ! Et même si elle me l'avait avoué de sa bouche et que j'en aie la certitude, je ne me permettrais pas de l'insinuer. Ah ça, non !

Pour redevenir sérieux, les proches de Mitterrand ont quand même mis un bémol à cette influence. D'après eux, aucune réelle décision d'État n'était prise en fonction de la disposition des planètes. C'était plutôt des choix de dates favorables pour déclencher telle ou telle action. Le reste, c'était en priorité des consultations en rapport avec sa santé, qui était problématique. Et puis aussi le besoin de conseil pour ses secrets d'alcôve qui étaient nombreux et cachés.

À ce sujet, puisque je t'ai promis de t'offrir de temps en temps des parenthèses légères, je suis obligé de m'arrêter sur le cas d'un homme politique très important. Un ami très cher, qui se servait de ces divinations à des fins purement ludiques. Une fois de plus, je préserverai son anonymat même s'il n'est plus de ce monde. Je ne voudrais pas que la trivialité de ses propos entache sa mémoire. En même temps ce ne serait pas une surprise, mais bon !

C'est bon ? Tu l'as ?

À la fin d'un repas bien arrosé, il m'a confié, rigolard et gaulois :

— J'ai une voyante attitrée. Mais pas seulement pour qu'elle lise dans sa boule mais aussi dans les miennes !

— C'est-à-dire ?

— Ben, quand je rencontre une femme qui me plaît bien, je lui demande son signe, sa date de naissance et je passe les infos à ma voyante.

— Pour savoir si ce sera un bon coup ?

— Entre autres. Mais surtout pour la fiabilité. Que je tombe pas sur une sournoise. Une qui cause trop ou qui voudrait me faire chanter. Une qui m'apporterait plus d'emmerdements que de plaisir.

— Et ça marche ?

— À tous les coups. Enfin, je veux dire que pour l'instant, je n'ai eu aucun problème. Ça m'a même évité une grosse galère.

Et il m'a raconté sa rencontre, au début des années quatre-vingt-dix, avec une jeune actrice connue qu'il avait convaincue de passer un soir dans sa « garçonnière d'État » pour un dîner aux chandelles. Et bien plus, puisqu'elle lui avait promis qu'elle était d'accord pour tout.

Il a détaillé :

— L'après-midi, j'avais consulté ma voyante pour des conseils dans une décision de politique internationale. Je voulais juste savoir si la date de mon voyage en Afrique était propice à signer un marché. En retournant ses cartes de tarot, d'un coup, elle s'est figée. Et elle m'a parlé de la petite actrice sans que je le lui demande. Elle a fait la grimace et m'a fortement déconseillé d'avoir une relation sexuelle avec cette fille. Sans me donner une raison précise. Ses cartes y mettaient un veto sans ambiguïté.

— Tu as annulé ta soirée ?

— Oui. Et j'ai bien fait. Parce que la jeune fille, trois mois plus tard, a annoncé publiquement qu'elle était séropositive. Et tu sais, moi les capotes ! C'est comme les casquettes en été. Moins j'en mets, mieux je bronze ! Je l'ai échappé belle !

Il est incontestable que des visions divinatoires se voient régulièrement confirmées par des faits établis. Là, c'était le cas. Mais je t'avoue être quand même très sceptique sur la fiabilité de ces prédictions-là. Je ne suis pas le seul. Des chercheurs américains se sont amusés à balancer des prédictions au hasard. Et il se trouve que beaucoup se sont avérées justes.

Avec un bonus. Dans leur délire totalement sans fondement, il y en a un qui a annoncé une grosse explosion le 11 septembre 2001 à New York. Tu imagines le jackpot pour un astrologue professionnel qui aurait prévu ça !

Et puis, il ne faut surtout pas perdre de vue la rentabilité de cette pratique. Ça paye, le marché de l'avenir ! Une mine d'or. Certains dépensent des fortunes. La plupart du temps pour être rassurés, bien sûr. À part quelques masochistes chroniques, il y en a peu qui vont consulter juste pour se faire confirmer qu'ils ont une vie de merde et qu'il n'y a aucune perspective que ça s'arrange. Ça pourrait donner de l'invective grossière chez les plus rustres.

— Tu m'annonces que je vais perdre mon boulot, ma femme et que je vais avoir un cancer, et tu voudrais qu'en plus je te paye, connasse ! Alors, revérifie tes infos, parce que autrement ta boule de cristal, tu vas la prendre sur la gueule !

Donc, si la pythonisse est assez habile, elle alternera avec diplomatie la précaution et le positif. Mais en privilégiant ce positif, quoi qu'elle déduise de la course des planètes. Ben oui ! il est rare qu'on revienne chez une astrologue qui vous annonce plus de mauvaises nouvelles que de bonnes. Et ça, c'est pas bon pour le chiffre d'affaires. En sachant cependant que, même en occultant volontairement une vision négative pour ne pas perdre le client, prévoir un succès peut être parfois une arme suffisante pour l'obtenir.

J'explique : concrètement, si tu vas à un entretien décisif pour ton avenir avec en arrière-pensée une prédiction de réussite, ton attitude sera plus convaincante. Tu seras optimiste, plus avenant. En revanche, si on t'a prédit des difficultés, tu arriveras plus apeuré, moins sûr de toi, sur la défensive. Et c'est souvent ce genre d'ondes indéfinissables qui font pencher la balance d'un côté ou de l'autre.

Quoi qu'il en soit, le succès des diseurs de bonne aventure illustre parfaitement, une fois de plus, la commercialisation de nos peurs. Comme je te l'ai démontré dans un chapitre précédent avec la pub, dans l'industrie du divinatoire, « phobie » ça rime d'abord avec « grisbi », et « trouille » avec « plein les fouilles » !

Est-ce blâmable ? Pour moi, pas plus que la commercialisation de tout autre sentiment. Il serait malvenu que je te dise le contraire, puisque je participe moi-même à la commercialisation de ces peurs avec le livre que tu tiens dans tes mains.

Eh oui ! les droits d'auteur de cet ouvrage vont me rapporter de l'argent. Et plus tu seras concerné par la peur, plus j'aurai de chance d'en vendre. *Mea culpa.*

Ça, tu vois, ça s'appelle de l'autocritique, mais aussi de l'honnêteté intellectuelle. Désolé de te couper l'herbe sous le pied, Torquemada. Parce que en écrivant cela, je te précède dans ton jugement à charge systématique. Je te lis déjà, crucifiant mes dénonciations d'exploiteurs de peur à but lucratif en y participant moi-même dans un but non moins lucratif. Donc, j'anticipe par précaution en me votant l'indulgence :

Ne pas laisser qu'à l'autre le droit de nous salir
Reconnaître nos torts en atténue le pire.

Ou, en bien plus flamboyant, comme le disait Cyrano des saillies sur son nez :

Je me les sers moi-même avec assez de verve
Mais je ne permets pas qu'un autre me les serve.

Alors, je suis sceptique, certes, et même critique sur l'exploitation financière qui découle des sciences occultes, mais je ne rejette pas tout en bloc. Autant je suis assez indifférent à la voyance, autant je suis plutôt impressionné par la médiumnité.

Une amie me dit :

— C'est la même chose.

— Pas vraiment.

Beaucoup les classent dans la même catégorie. Mais il y a une différence essentielle entre les deux. La voyance s'appuie sur des réalités, des supports matériels. Les planètes, les tarots, les boules de cristal, le marc de café, etc. La médiumnité n'est qu'une vision intérieure. Un pouvoir qui n'a besoin de rien d'autre qu'un ressenti.

C'est un réel don que possèdent certains de deviner les traumatismes, les secrets du vécu. Parfois en se servant d'un contact supposé avec les âmes mortes pour dévoiler des choses intimes sur nous. Souvent si enfouies qu'on n'aurait jamais soupçonné qu'un autre les découvre. À titre personnel, je suis beaucoup plus sensible à cette éventualité de divination-là qu'à toute autre sorte de paranormal. Un récent témoignage m'a conforté dans cette préférence.

Il s'appelle Fred. Il a vingt-neuf ans. Je le connais depuis peu de temps, mais il est devenu un ami fidèle. Quand je l'ai informé du sujet de ce chapitre, son regard s'est un peu voilé et il a blêmi.

J'ai demandé :

— J'ai l'impression que ça te touche de près.

— Ah oui ! Et, tu vois, rien que de repenser à ça, chaque fois ça me remue.

Et il m'a raconté.

On va commencer par la fin, et je ferai un flash-back.

Comme dans un film.

Travelling avant et plan séquence.

Un repas de copains, le soir, en été, à la terrasse d'un restaurant de plage. Ils sont quelques intimes auxquels sont venues se joindre d'autres connaissances. Parmi elles, un homme qui se dit médium. La conversation s'engage sur le sujet entre ceux qui y croient et ceux qui doutent.

Plan américain.

Le médium prend la main de Fred. Il semble perturbé et lui dit :

— Est-ce qu'on pourrait se voir à l'écart ? J'ai quelque chose d'important à te dire.

Travelling arrière.

Ils partent vers la salle du fond pour s'isoler.

Et là, le médium regarde longuement Fred dans les yeux.

Gros plan.

Il lui dit :

— J'ai ressenti un gros traumatisme en toi. Je me trompe ?

— C'est possible.

— Tu as été en Guyane ?

— Oui.

— Là, tu as égorgé un type et tu as été aspergé de son sang.

Fred se décompose.

Flash-back.

Il y a cinq ans, Fred était militaire dans l'armée française. Il avait été envoyé en Guyane pour faire la chasse aux orpailleurs. L'orpaillage clandestin qui est interdit crée des filières de développement de réseaux de prostitution, de trafic d'armes et de drogue. La mission n'était pas guerrière. Juste d'assainir ce territoire français.

Le groupe a débarqué et les soldats se sont engagés dans la mangrove. Fred était en binôme et accidentellement il s'est éloigné de son compagnon d'armes. Soudain, un homme, caché dans un arbre, lui est tombé dessus armé d'un couteau. Il s'est défendu et a fini par prendre le dessus en plantant ce couteau dans la gorge de son agresseur. Il l'a tué et un flot de sang a giclé sur lui.

Pour des raisons diplomatiques, l'incident a été classé « secret-défense ». C'est le genre d'accroc que les hautes autorités préfèrent taire. Ce qui fait que personne, hormis lui et ces autorités, n'était au fait de cette embuscade. Ce n'était pas la première fois qu'il tuait, et de plus il était en état de légitime défense, soit. Mais le sang de sa victime qui avait inondé son visage l'avait profondément traumatisé. Quand il a quitté l'armée, cette vision l'a longtemps hanté. Au point qu'il m'a avoué avoir passé des nuits blanches, égaré dans la mangrove, à griffer les draps.

Il me détaille son ressenti aujourd'hui :

— Quand le médium m'a dit ça, ça m'a tétanisé. Il ne pouvait pas le savoir. Je suis revenu rejoindre mes amis à la table. On avait prévu de sortir faire la fête, je n'ai pas pu. Je suis rentré, bouleversé.

Il m'a avoué que, depuis, il fuit tout ce qui pourrait le rapprocher d'une médiumnité. Il ressent une vraie peur à l'idée qu'on puisse ainsi avoir accès à des secrets aussi personnels. Il éprouve même une certaine rancœur vis-à-vis de ce médium qui a réveillé une douleur que depuis des années il avait tout fait pour enfouir.

Sa conclusion m'a interpellé :

— Ces gens-là ont un vrai pouvoir exceptionnel de ressentir les choses. Malheureusement, ils n'ont pas celui de s'apercevoir qu'il y en a qu'il ne faut pas dire.

Une leçon dans le cadre des conseils que je t'ai promis dans ce livre :

Tu dois être prudent dans tes approches avec ce genre de divinations. Elles sont tentantes, mais il faut faire très attention. En donnant accès au plus profond de toi, tu peux réveiller des choses qui alimenteront tes peurs et tes douleurs au lieu de les apaiser. Pour ces médiums, la satisfaction de toucher juste prend souvent le pas sur la conscience du pouvoir de nuisance de leurs révélations.

À titre personnel, je me suis toujours gardé de prêter l'oreille à ces pratiques. De temps en temps, à la sortie de mes spectacles, des gens viennent me voir pour des visions de ce genre. Ils m'affirment avoir reçu un message de Maman à me délivrer.

Je les repousse poliment :

— Si elle a un message pour moi, elle me l'écrira elle-même. Désolé, je n'ai pas besoin de facteur !

Arrivé presque à mi-chemin de ce chapitre sur la peur de l'irréel, je dois reconnaître que je suis partagé. D'une part, je refuse tout recours aux sciences divinatoires. De l'autre, il m'arrive de me livrer à des rites antinomiques avec les réticences de l'être plutôt cartésien que je prétends être. Entre autres, pour ce qui concerne la superstition. Et particulièrement dans le cadre de mon métier. La plupart des artistes ont des manies porte-bonheur autant que des phobies rédhibitoires. La plus importante de celles-ci, pour moi, c'est le bannissement de la couleur verte.

L'origine de cette superstition remonte à Molière et aux teintures employées pour les costumes qui contenaient prétendument un poison qui aurait coûté la vie à des acteurs. Vraie ou fausse, cette croyance perdure. Et chez moi, c'est un interdit absolu. J'avoue que cela me vaut beaucoup de moqueries. Sauf que, chaque fois, cette supposée nocivité s'est révélée exacte. Tout récemment, d'ailleurs.

Il y a trois semaines, je jouais une farce au petit café-théâtre Côté Rocher de ma copine Coco, à Rocamadour. Un succès total. Mais au premier soir, Geneviève, une comédienne irrésistible de drôlerie, avait choisi de porter une chemise verte pour son rôle de jeune fille un tantinet nymphomane.

Je l'ai tout de suite mise en garde :

— Tu vas voir, on aura des soucis. Chaque fois qu'il y a du vert sur scène, il y a des galères.

Elle a balayé mon appréhension d'un rire moqueur et a rectifié :

— C'est pas vert, c'est bleu canard.

J'ai insisté.

— Pour moi c'est vert… mais bon, on va faire avec. Tu verras, y aura un problème.

Il y en a eu trois. Sur un faux mouvement, je me suis coincé une vertèbre. Ensuite, en récupérant ma voiture après le spectacle, j'ai constaté que le pneu avant était crevé. Et dans la nuit, la grippe m'est tombée dessus. Pour la représentation suivante, Geneviève a mis une chemise bleue et tout s'est bien passé.

Conclusion.

D'abord, je n'en veux pas une seule seconde à ma Geneviève chérie. J'étais même gêné qu'elle puisse croire que c'était sa faute. Elle n'y était pour rien, je vais te le démontrer dans quelques lignes. Ensuite, cet incident peut prêter à souligner une contradiction : comme je te martèle que les choses arrivent parce qu'elles sont pré-écrites, comment puis-je penser que le port d'une couleur puisse en modifier le déroulement ?

Ce n'est pas le cas. Effectivement, pour moi, les choses arrivent quoi qu'il en soit, parce qu'elles doivent arriver. La superstition n'en est pas la cause. C'est juste un indice pour nous prévenir. Un avertisseur. En ce qui concerne la farce au théâtre de Coco, s'il n'y avait pas eu de chemise verte, c'est qu'il aurait été écrit que rien de fâcheux n'arriverait. Cela m'a juste permis de me préparer au contretemps. Et donc, quand il est advenu, de l'appréhender avec sérénité. Mais la présence de cette couleur n'est en aucun cas responsable des désagréments. Elle les a juste annoncés.

Pour affiner ma démonstration, un autre exemple.

Chaque matin, je mange deux œufs au plat au petit déjeuner. S'il advient que le jaune d'un des deux s'étale malencontreusement, c'est un signe pour moi de contrariétés dans la journée qui arriveront quoi qu'il en soit. Donc, je m'y prépare. Je les anticipe sans peur. Avec juste le souci de ne les dramatiser en aucun cas.

Confirmation on ne peut plus récente. Ce matin, un de mes œufs a éclaté. Au moment où je reprends l'écriture des lignes que tu es en train de lire, je viens d'arriver à Paris il y a une heure après être parti de mon antre en fin d'après-midi. Sur la route, j'ai pris des orages terribles qui se sont enchaînés sur près de cent kilomètres. Un phénomène rare d'une violence inouïe que n'avait même pas prévu la météo.

L'œuf éclaté n'y est pour rien, mais ça ne m'a pas surpris. C'était une alerte, pas une cause. Ce n'est pas la superstition positive ou négative en elle-même qui est responsable des choses. Le trèfle à quatre feuilles ne fait pas gagner au loto, pas plus que passer sous une échelle ne va déclencher un accident. Ce sont juste des indices de bonne ou de mauvaise fortune à venir et non des déclencheurs.

La nuance est essentielle.

Mon ami Gégé, tu sais, le vanneur de la bande, est bien plus ironique :

— Le fer à cheval porte-bonheur, une belle connerie ! Dans une course de chevaux, ils en ont tous, mais y en a qu'un qui gagne. C'est comme au foot quand les mecs se signent en rentrant sur le terrain. D'un côté comme de l'autre. Y a qu'en cas de match nul que ça marche !

Pour moi, donc, l'influence réelle sur le cours des événements d'un pain à l'envers sur la table, d'un repas à treize, de gris-gris, amulettes et autres croyances en cet irréel est illusoire. Je ne leur reconnais qu'une fonction d'avertissement ou de confirmation.

Ça a été le cas pour moi avec le chat noir supposé porter malheur au pire moment de ma vie, hélas ! Quand on m'a annoncé au téléphone l'accident de mon fils, mon interlocuteur a laissé planer un doute :

— C'est sa moto, mais on n'est pas sûr que ce soit lui. On n'a pas trouvé de papiers. Peut-être que quelqu'un la lui a volée et s'est planté avec.

Le doute, pour moi, n'a duré que quelques instants. Le temps de raccrocher et de me précipiter vers la fenêtre de ma chambre d'hôtel pour l'ouvrir en grand. J'étais écrasé, à bout de souffle, il fallait que je respire. Et en regardant vers le bas des trois étages, je l'ai vu. Un chat noir. Totalement immobile, le regard fixé sur moi.

J'ai hurlé :

— Fous le camp !

Il n'a pas bronché.

C'est à ce moment précis que j'ai eu la certitude que c'était bien mon gamin qui venait de mourir dans cet accident. Le chat noir n'en était pas responsable. Il n'a pas apporté le malheur. Il l'a juste entériné.

Pour résumer :

La superstition ne provoque rien. Elle illustre seulement.

Je vais aborder à présent brièvement les synchronicités.

Pour ceux qui l'ignoreraient, les synchronicités sont des croisements inexplicables de dates et d'événements parfois stupéfiants. J'ai écrit « brièvement » parce que j'ai très souvent parsemé mes ouvrages de ces phénomènes qui touchent de près à l'irréel et je ne veux pas être répétitif. Je vais, juste pour l'exemple, te résumer en quelques mots la synchronicité la plus bouleversante de ma vie. Celle qui concerne la mort de Maman.

Elle avait deux idoles absolues : de Gaulle et Kennedy. De Gaulle est né le 22 novembre 1890. Kennedy est mort le 22 novembre 1963. Entre les deux dates, il y a soixante-treize ans. Maman est morte à soixante-treize ans un 22 novembre.

Voilà !

Cela suffit à démontrer qu'il y a forcément un fil invisible qui relie les événements de nos vies. Comment ? Pourquoi ? Qui tire ce fil ? Je n'en ai aucune idée. Je ne fais que le constater. Évidemment la réponse la plus fréquente à la question de l'identité du metteur en scène de tout ça, c'est : Dieu. Je vais y revenir plus longuement dans quelques lignes. Mais avant, deux autres synchronicités, pour le plaisir du mystère.

La première, je l'ai découverte récemment après avoir vu un documentaire sur l'incendie du collège Édouard-Pailleron le 6 février 1973. Un drame absolu qui a coûté la vie à vingt personnes dont seize enfants. Avec, en plus, des responsabilités liées comme bien souvent à l'appât du gain d'entrepreneurs sans scrupules. Le collège était un bâtiment construit à la va-vite, en toute inconscience, sans respect de certaines règles élémentaires de sécurité.

Depuis que je m'intéresse aux synchronicités, il m'arrive de les traquer. Pour l'incendie du collège Pailleron, je me suis intéressé à celui qui avait donné son nom à cet établissement. En me disant que je trouverais peut-être dans sa vie un signe avant-coureur de la tragédie. Je n'ai pas eu à chercher longtemps.

Édouard Pailleron était dramaturge et poète. En compulsant ses œuvres, j'ai trouvé une comédie en un acte. Il l'aurait certainement intitulée autrement s'il avait présagé que son titre serait le point de départ non d'une comédie, mais d'une tragédie. Ça s'appelait : *L'Étincelle.*

Dramatiquement prémonitoire.

La deuxième synchronicité que je vais aborder te sera familière si tu es un fidèle lecteur de mes ouvrages. Je l'ai déjà évoquée, mais j'y reviens parce qu'un élément nouveau, apparu en 2023, lui donne encore plus de raisons d'être. Elle concerne le naufrage du *Titanic.*

En 1898, un certain Robertson a publié un roman intitulé *Futility.* Dans ce roman, il racontait l'histoire d'un paquebot qui heurtait un iceberg au mois d'avril. Les dimensions de son navire de fiction étaient à peu de chose près les mêmes que celles du *Titanic.* Pareil pour le nombre de passagers, de canots de sauvetage. Le *Titanic* a coulé au mois d'avril, en 1912. Pour t'éviter de sortir la calculette, je précise donc que le roman de Robertson est sorti quatorze ans avant. Et surtout que le nom de son bateau de fiction était… *Titan.*

Une prémonition, donc.

J'irai même au-delà : une malédiction. La preuve en est ce fait divers survenu en 2023. Une expédition a décidé d'aller fouiller l'épave du *Titanic*. Elle s'est embarquée dans un sous-marin qui a implosé, provoquant la mort des cinq personnes à bord. Les commanditaires étaient-ils au courant de la prémonition de Robertson ? S'ils l'étaient, ils ne devaient certainement pas croire à l'irréel. Sinon, ils auraient changé le nom de leur sous-marin. Ils l'avaient appelé : *Titan*.

Cette synchronicité, c'était un des sujets que j'avais développés dans une émission qui s'appelait *Étonnant et drôle*. Entre des rires, des chansons, des plaisanteries, je glissais à chaque émission un dossier concernant ces phénomènes. Ce qui au départ aurait dû constituer l'entièreté de ce programme. En effet, mon idée d'origine avait été d'appeler l'émission *Est-ce par hasard ?* Et de n'y traiter que de ces croisements étonnants agencés par une puissance irréelle.

Quand j'ai soumis le concept à la chaîne, le veto a été formel avec des mots lourds de sens que je n'oublierai jamais :

— Non, Patrick. Fais-en une petite chronique si tu veux, mais pas une émission entière. Il est hors de question de faire croire aux gens qu'il y a autre chose que Dieu qui commande l'ordre des choses !

Nous y voilà.

Dieu.

Le catalyseur en chef de la peur de l'irréel. Le Seigneur, le Tout-Puissant. Ces deux vocables le résument en maître absolu. Avec l'autorité et donc la crainte que cela suscite. Je suis bien loin d'être expert en théologie, donc je vais vulgariser. Avec d'abord la réminiscence de la phrase que j'ai le plus entendue dans mon enfance pour m'engager à ne pas m'écarter du droit chemin :

— Le Bon Dieu va te punir !

Une menace infantile, soit, mais qui conditionne la majeure partie de la foi. Combien sont-ils à ne croire en Dieu que par la peur de son jugement ? Cet éventuel procès qui les condamnerait sans appel à une éternité heureuse ou aux flammes de l'enfer.

Avec saint Pierre en vigile à l'entrée du *Macumba Paradise*.

— Désolé, on n'entre pas avec des baskets !

Réducteur, voire blasphématoire, mais pas si éloigné que ça du dogme. Chez les croyants, la bonne conduite, la compassion ne sont-elles pas dictées d'abord par la peur de la sanction divine ? Et, chez les autres, combien sont-ils à se convertir au dernier moment, dans le doute ? À se décider à croire en Dieu au cas où, par peur de la sanction ? Pascal en avait fait son pari. Si vous gagnez, vous gagnez tout, si vous perdez, vous ne perdez rien.

Des questions qui n'ont de raisons d'être que lorsqu'on a d'abord répondu à la première :

— Dieu existe-t-il ?

Le prof de philo qui m'a aidé à passer mon bac en candidat libre était ivrogne, joueur de poker et bouffeur de curés.

Entre deux verres de gin, il me disait :

— Dieu n'existe pas vraiment. Pour exister, il faut être. Et Dieu n'est pas. On l'envisage seulement. Il ne prend corps que dans nos pensées sans aucune preuve tangible. Et, quel que soit ce Dieu, c'est là la force perverse d'un concept totalement créé par les hommes pour manipuler d'autres hommes à travers la religion. Ce n'est que la peur sourde en chacun de nous de l'existence et de la toute-puissance d'un Dieu hypothétique qui nous pousse à la foi en lui.

Discutable.

La vraie foi ne se nourrit pas que de la peur. Elle entoure certains d'une aura de bienveillance et de paix intérieure sans quelque crainte que ce soit. Un habit de lumière divine inaltérable.

Exemple personnel.

Je ne sais pas si Dieu existe, mais son fils a été un rival contre lequel je n'ai eu aucun moyen de lutter.

Je vais l'appeler Fanny pour respecter son anonymat. J'ai eu avec elle une aventure adultère très agréable qui a duré un certain temps. La très belle jeune fille alliait parfaitement les conversations philosophiques, une foi à toute épreuve, et les ébats torrides. Elle allait à la messe pratiquement tous les jours. Grenouille de bénitier, soit ! Mais avec des cuisses accueillantes d'une merveilleuse douceur. Il n'y a qu'une voyelle de différence entre la chaire et la chair. C'est mince. Pour certains prêtres, c'est la voyelle de la honte. Pour Fanny, c'était un trait d'union heureux et assumé sans remise en question mystique.

Elle me murmurait :

— Dieu est amour. Pour moi, il y a autant de plaisir à le prêcher qu'à le faire.

Jusqu'au jour où elle m'a annoncé qu'elle avait pris la décision de mettre fin à notre relation.

J'ai été beau joueur.

— Je peux comprendre. Je ne suis pas libre. On se voit épisodiquement. Tu as dû trouver quelqu'un. Et je ne peux pas t'en vouloir de préférer une relation en pleine lumière à la nôtre qui ne passe que par des portes dérobées.

Il m'est arrivé souvent d'être largué pour un autre. Quelquefois, j'ai lutté pour conserver celle qui avait choisi de me quitter. J'ai même parfois réussi à inverser le choix. Mais avec celui qui me prenait Fanny, le combat était trop inégal.

Qu'est-ce que tu veux faire contre le fils de Dieu ?

Elle m'a dit :

— Jésus ne veut plus que j'aie cette relation. On a vécu dans le péché et c'était très agréable. Je ne regrette surtout rien. Mais je suis appelée pour une mission plus pure.

— Par crainte du jugement de Dieu ?

— Absolument pas. Il sait que mes sentiments étaient sincères et que j'en étais heureuse. Il est bien plus indulgent que l'on croit. Ce n'est pas la peur de son jugement qui m'a décidée. C'est pour être totalement en accord avec le mien. À partir d'aujourd'hui je vais me consacrer entièrement à ma foi.

Aux dernières nouvelles, je sais qu'elle essaie de rentrer au Carmel.

Ça, c'est le meilleur de la foi. Mais il y a le pire. Beaucoup plus fréquent, hélas ! Et ce quelles que soient les religions. À cause d'elles la planète a été de tout temps un brasier. Croisades, fatwas, bûchers, nettoyages ethniques. Chaque flash infos nous le confirme aujourd'hui. Guerres, génocides, attentats. La terre brûle de centaines de bagarres de croyance. Avec une évidence qu'avait très bien imagée la grande Florence Foresti dans son dernier spectacle.

Elle y imaginait l'invention de Dieu par des hommes préhistoriques. Et déjà ils se disputaient. Les uns voulant le célébrer en se signant, d'autres à genoux sur un tapis, d'autres encore en se balançant devant un mur. La phrase qu'elle prononçait alors devrait être taguée sur les murs de tous les monuments de culte :

— Vous n'allez pas commencer à vous engueuler pour quelque chose qui n'existe pas !

Oh, l'ignoble sacrilège !

Évidemment, une telle phrase affichée déclencherait un tollé. Voire bien plus. Parce que mettre en doute le fondement des religions les plus intégristes est d'un danger

extrême. De la Saint-Barthélemy à *Charlie Hebdo*, en passant par l'Holocauste, ils sont des millions à avoir payé pour. Et dans cette optique, le sujet de ce livre, la peur, est au centre de tout.
Une peur bien réelle celle-là.

Cette crainte, voire parfois cette terreur, comme nous tous, je l'ai évidemment moi aussi en abordant ce sujet ici. C'est pourquoi je ne m'y attarderai pas. Moins par lâcheté que par prudence. Comme la plupart d'entre nous, gouvernants compris. Peur d'écrire, de parler, de caricaturer au risque que les réseaux sociaux récupèrent une phrase, une saillie pour en faire un appel à la haine voire au crime.

Récemment, un ami chansonnier m'a soumis une proposition.

— J'ai une idée pour toi. Ça ferait marrer tout le monde. La parodie de la chanson de tes potes de Licence IV, *Viens boire un p'tit coup à la maison.*

Ça donnerait :

« *Allahu akbar* un p'tit coup à la maison
Y a du blanc, y a du rouge pas d'saucisson
Et Mouloud avec son p'tit accordéon
Vive les kalachs, les grenades et les chansons ! »

Ben voyons !

On peut tenter de voler la pâtée d'un chihuahua, pas celle d'un pitbull. Tu peux chanter *Le curé de Camaret a les couilles qui pendent*, peu de chances qu'un croisé mette ta tête à prix. Mais dans le contexte actuel d'un Islam radical, « trouille » rime avec « manque de couilles » justement. Et je tiens trop aux miennes pour me faire émasculer pour un bon mot. Si joyeux soit-il ! Comme le chantait si justement Brassens :

Mourir pour des idées, d'accord, mais de mort lente.

J'en reviens donc à des religions moins périlleuses. Le bouddhisme et l'hindouisme. De natures plutôt pacifiques. Juste pour évoquer un autre phénomène qui touche à l'irréel et qui y est un peu plus présent que dans d'autres croyances : la réincarnation.

Je t'avoue ne pas y croire vraiment. Mais un bon nombre de mes amis sont convaincus de sa réalité. Appuyés par des ressentis comme par exemple celui d'avoir déjà vécu une situation. Ça, ça nous est arrivé à tous. Et ce n'est pas pour cela que nous y voyons systématiquement le boomerang d'une vie passée. Mais, bon ! pour eux, c'est une des preuves indiscutables que leur âme a voyagé de corps en corps à travers les âges.

J'en ai connu qui allaient beaucoup plus loin. Un copain hypocondriaque qui interprétait chaque mal de gorge comme le fait d'avoir été guillotiné dans une autre vie. Une prostituée qui me saluait chaque fois avec une révérence en mémoire, disait-elle, de la courtisane qu'elle avait été à la cour de Louis XIV. Pas vraiment de peur dans cet irréel-là. Plutôt le contraire même. L'espoir dans une vie future de bénéficier de plus de satisfactions que dans celle-là.

J'ai quand même été témoin d'une appréhension particulière.

Mme Jean, une voisine, amie de Maman, catholique très pratiquante, avait une vision assez cruelle de la réincarnation, à laquelle elle croyait sans réserve. Elle n'avait aucune compassion pour tous ceux qui avaient été désavantagés par la nature. Handicapés physiques, malades de naissance, non-voyants. Il lui arrivait même d'être agressive. Je l'ai vue, une fois, cracher aux pieds d'un gamin en fauteuil. Je l'ai insultée.

Elle a argumenté.

— Pour moi, ce sont des gens que Dieu a punis d'une vie antérieure dans laquelle ils ont été des ignobles salauds. Alors, je ne vais surtout pas pleurer sur leur sort.

Je lui ai opposé :

— En vous conduisant comme ça, vous vous préparez à une vie future dans laquelle Dieu vous fera justement payer votre saloperie à vous.

— Certainement pas. Parce que si je me conduisais autrement, j'irais à l'encontre du choix de Dieu. Et Dieu a toujours raison. C'est indiscutable.

Indiscutable, c'est le mot…

Donc fin de la discussion.

D'après elle, ce serait Dieu qui aurait le droit de t'attribuer un rôle dans la vie selon son bon vouloir. Te punissant ou te récompensant d'une vie passée en choisissant ta condition dans ta vie future.

Un peu comme un entraîneur de foot, quoi ! Un bon match, c'est une prime pour le prochain. Un mauvais et c'est le banc des remplaçants.

Imagine le discours dans les vestiaires.

— Bon, le dernier match t'étais Ballon d'or, mais t'as pas été très bon. Donc le prochain, tu seras ballon.

— Ballon d'or encore ? Je reconnais là ta grande clémence. Merci, mon Dieu.

— Non. Pas d'or, Ducon ! ballon seulement. Tu prendras des coups de pompe dans la tronche pendant quatre-vingt-dix minutes ! Ça t'apprendra à m'avoir raté le penalty de la qualif !

Pour en finir avec la réincarnation, et aérer mon propos après le portrait glauque de Mme Jean, une petite blague de circonstance. Un prolongement de la parenthèse humoristique précédente. Juste pour sourire. Je la raconte dans mon spectacle, et elle fait son petit succès.

C'est un bon gars du Sud-Ouest qui fait tourner les tables en espérant un dialogue avec son pote Pierrot décédé.

Sans succès, jusqu'au jour où…

— Pierrot, tu m'entends ?

— Oui, je t'entends.

— C'est super. Depuis le temps que j'essayais de te parler. Alors c'est comment l'au-delà ?

— Formidable. Le matin, je me lève, je bouffe et après je baise. À midi je bouffe et je baise. L'après-midi et le soir pareil. Vingt fois dans la journée. Je fais que ça !

— Waouh ! mais c'est génial le paradis !

— Ah, mais je suis pas au paradis. Je suis dans un élevage de lapins dans le Gers !

Pour redevenir sérieux, en restant très sceptique sur beaucoup de croyances, il m'est cependant souvent arrivé de constater la présence de l'irréel. Que son influence soit indifféremment positive ou négative. Je t'ai raconté la plupart de ces phénomènes dans d'autres ouvrages. Mais, juste pour le rappel, je voudrais en survoler quatre rapidement.

1. Soirée noire au casino de Cannes.

Je n'arrête pas de perdre à la roulette. Par défi à la malchance, je décide de jouer tous les numéros sauf le 25. Et le 25 sort. Diabolique. C'est là que le croupier m'apprendra que cette roulette est diabolique au vrai sens du terme. Au premier rang du tableau 1, 2, 3. Total de ces trois chiffres 6. Deuxième rang : 7, 8, 9. Total 15. 1 plus 5 égale 6… Et ainsi de suite. Verticale, horizontale, diagonale, les chiffres ajoutés d'une même ligne font toujours 6. Et le total des chiffres additionnés les uns aux autres fait 666, le nombre du diable ! Impressionnant, non ?

2. La chambre de Maman, quelques semaines après son décès.

Au moment où j'y entre, une forte douleur abdominale. Dans la nuit ça s'aggrave. Le toubib vient et me diagnostique une gastro sévère. Mais en m'auscultant, il s'arrête sur un grain de beauté qu'il trouve bizarre. Analyses. Verdict : mélanome infiltrant. Opéré juste à temps. Guéri.

Tout part de la chambre de Maman et ce mal commun soudain qui me permet par ricochet d'en diagnostiquer un beaucoup plus grave. Une alerte subliminale. Pour moi, une protection d'outre-tombe.

3. La veille de la deuxième finale de la coupe d'Europe avec l'équipe de rugby de Brive dont j'étais président.

On l'avait gagnée l'année précédente à Cardiff. Pour celle-là, à domicile, j'étais optimiste. Après une virée festive à Bordeaux, un taxi me ramène à l'hôtel à 2 heures du matin. Je demande un pronostic au chauffeur. Il me balance juste un score : 19-18. Ça me va. Même d'un point, l'essentiel est de gagner. Le pronostic était bon. Mais pas pour nous. À l'envers. On perdra… 18-19. J'ai essayé de retrouver ce chauffeur de taxi qui m'a donné quelques heures avant le score exact du match. Aucune trace. Comme s'il n'avait jamais existé. Mais a-t-il vraiment existé ?

4. Le nuage de Martel

Une brume inexplicable qui se forme quelquefois au-dessus de ma terrasse, alors que tout est clair autour. Trois fois à la date anniversaire de la mort de mes plus chers. Cette brume stagne quelques minutes puis s'enfuit d'un coup. La première fois, j'étais seul. Je me suis dit que c'était peut-être une simple hallucination. Mais les autres fois, des amis, ma fille, ont pu assister au phénomène sans lui donner une explication logique. La présence d'une âme morte ? Pourquoi pas ?

On approche de la fin du chapitre.

Conclusion, donc.

Synchronicités, prémonitions, médiumnité et autres phénomènes inexplicables ne me font pas peur. Je les constate simplement sans chercher d'explication. Je trouve même rassurant de savoir que des forces mystérieuses nous encadrent. Cela donne une spiritualité essentielle à nos vies terre à terre.

C'est bien moins angoissant que notre quotidien cartésien peuplé d'incertitudes. Entre autres, le paradoxe des institutions qui aujourd'hui nous font de plus en plus peur, alors qu'à l'origine elles sont là pour nous rassurer. Je parle de la justice, de la police, de la médecine, entre autres. Ce sera le sujet du prochain chapitre

Pour clore celui-ci, un dernier détour par Dieu et son existence supposée. Et le retour de mon ami Aerys, un athée pur et dur. Pour le souvenir d'une discussion savoureuse autour d'une poêlée de châtaignes qui l'était tout autant.

Il m'a assené une fois de plus :

— Je ne peux pas croire en Dieu puisqu'il n'existe pas.

— Tu ne doutes même pas ?

— Jamais.

— Même en espérant qu'il te fasse une petite place au paradis ? Tu la mérites.

— Même ! Mon paradis, c'est ici. Saint-émilion et saint-nectaire, je les préfère avec une bonne tranche de pain au lard plutôt qu'avec une auréole au-dessus de la tête.

— Bon d'accord ! Mais admettons qu'il existe, je te pose la question traditionnelle. Quelle sera ta première phrase si tu le rencontres ?

Sans hésiter, il m'a répondu :

— Je lui demanderai : « À quelle heure on mange ? »

— Dans ce cas, je sais ce qu'il va te répondre.

— Ah bon ! quoi ?

— Désolé, vous êtes athée. Ça ne va pas être possible ! Vous n'avez pas réservé.

Il a ri.

Et on a terminé notre excellent repas avec le dessert qu'il avait prévu sans savoir qu'on aurait une conversation mystique : des religieuses.

Une synchronicité ?

Non. Juste un pur régal !

45, RUE POLIVEAU

Je ne vais pas te faire languir comme dans les chapitres précédents pour justifier le titre de celui-ci. D'ailleurs les cinéphiles l'ont probablement déjà identifié : 45, rue Poliveau, c'est l'adresse que hurle un Gabin déchaîné dans le film *La Traversée de Paris* devant un de Funès apeuré. Un chantage à la peur panique. Pour faire monter le prix du transport de valises remplies de cochon vendu au marché noir, qu'il convoie avec Bourvil dans une capitale occupée par les Allemands.

— Jambier, je veux vingt mille francs ! Jambier… Jambier… 45, rue Poliveau !

J'ai choisi de partir de ce film de 1956 parce qu'il va me permettre de ricochet en ricochet d'en arriver à une foule de peurs de la société actuelle. Et surtout de détailler toutes les lâchetés, les servitudes qui en découlent. Pour, au final, tenter d'étudier, comme annoncé à la fin du chapitre précédent, la crainte qu'inspirent de plus en plus aujourd'hui des institutions censées nous protéger, donc nous rassurer.

L'étrange paradoxe de leur contre-emploi. Comme un garde du corps personnel qui deviendrait notre premier agresseur. D'ailleurs, pour la métaphore énigmatique, j'aurais tout aussi bien pu intituler ce chapitre « Le parapluie bulgare ». Un banal objet de protection contre le mauvais temps, transformé par sa pointe empoisonnée en arme redoutable. Par allégorie, c'est le cas de nos jours d'une police qui, souvent, effraie plus qu'elle rassure. D'une justice dont on craint bien plus le glaive qu'on ne croit en sa balance. D'une médecine qui parfois rend plus malade qu'elle ne soigne.

Je vais développer. Mais revenons d'abord à *La Traversée de Paris*.

En pleine Occupation, à Paris, un road movie *intra-muros* de convoyeurs de marchandise charcutière précieuse : *Le Porc de l'angoisse.* Avec, à chaque coin de rue, la peur de l'Allemand. Des retards, des sauvetages de justesse. Et un arrêt remarquable dans un bistrot de quartier. Gabin en aboyeur et Bourvil en poltron. L'occasion d'un portrait à l'acide d'une société dévoyée. La banalité des deux patrons du bar. Le mou et la rombière. Malhonnêtes et veules qui, entre autres, exploitent une jeune Juive. Chacun de leurs regards transpirant la peur, la fourberie et la bassesse.

Et Gabin qui lance :

— Mais qu'est-ce que vous êtes venus foutre sur terre ? Vous n'avez pas honte d'exister ?… Cinquante ans chacun, cent ans de connerie !

En fond de salle, les clients qui ont rendu les armes et les âmes. Lâches. Anesthésiés.

Et encore Gabin qui jette à leurs pieds les valises en leur hurlant :

— Allez-y ! Servez-vous. Vous savez bien qu'on n'ira pas se plaindre.

Les pauvres types en immobiles du musée Grévin. Statufiés.

— Regarde-moi ça, ils bougent même plus. Et après, ils iront aboyer contre le marché noir !... Salauds de pauvres !

La synthèse de nos démissions. Et son écho dans la société actuelle. Toutes nos lâchetés dictées par la peur. Avec, entre autres, la soumission hiérarchique. L'employé qui s'aplatit devant le sous-chef, le sous-chef devant le chef, le chef devant le PDG. La fuite amoureuse avec la rupture par SMS parce qu'on n'a pas le courage de s'affronter les yeux dans les yeux. La couardise des mots. La peur de dire leurs quatre vérités à des dominants exécrables par crainte du licenciement, de l'abandon, de la fermeture du robinet à fric qui nous arrose.

Et, bien sûr, un des symboles les plus représentatifs de la lâcheté ordinaire : la non-assistance à personne en danger en cas d'agression de rue.

Illustration :

On va l'appeler X pour ne pas dévoiler son nom de star du show-biz.

C'était dans les coulisses d'une émission de télé. Il est arrivé en retard et tout émoustillé dans les loges. Pendant qu'on le maquillait à la va-vite juste à côté de moi, il m'a montré son portable :

— Regarde ce que je viens de filmer dans la rue à deux cents mètres d'ici.

Des hommes en train d'en dérouiller un autre. Un baston de trottoir avec coups de pied, de poing.

— T'as vu ça ! Qu'est-ce qu'ils lui ont mis !

— T'es pas intervenu ?

— Ben non ! D'abord ils étaient trois. Et puis quand on connaît pas l'histoire, faut pas s'en mêler. Si ça se trouve, le mec leur avait fait un truc dégueulasse… Et en plus, j'étais à la bourre.

— T'as quand même pris le temps de filmer.

— Ben oui, au cas où. Je sais pas comment ça s'est fini. Si c'est vraiment grave, je pourrai donner les images aux flics pour qu'ils retrouvent les agresseurs.

— Et puis surtout, tu vas pouvoir faire du buzz sur les réseaux.

— Aussi. Mais c'est d'abord pour la police, au besoin.

J'ai pensé sans le dire :

« Ben voyons ! »

Et puis, j'ai demandé :

— Tu les as appelés, les flics ?

— Non. De toute façon, ils seraient arrivés trop tard. Et puis je voulais me tirer vite avant qu'il y ait des témoins. Par chance, y avait personne d'autre.

— Pourquoi, par chance ?

— Ben, si quelqu'un m'avait filmé en train de filmer et avait foutu ça sur les réseaux, ça aurait été catastrophique pour mon image. Mais bon, en même temps, si j'avais repéré quelqu'un qui me filmait je serais intervenu. Je serais même allé essayer de l'aider, le type par terre. En restant un peu à distance quand même... Enfin, je me serais approché, quoi !

— Si je comprends bien, tu veux bien jouer les héros, mais il faut que ça se sache.

Là, il s'est braqué.

— Eh ! tes leçons de morale, tu peux les garder pour toi. T'aurais fait quoi, toi, à ma place ?

— Je pense que je serais intervenu.

— C'est facile à dire, là, assis dans ton fauteuil... Et puis, je vais te dire, si c'était moi qui m'étais fait agresser, je suis pas sûr qu'on serait venu m'aider... Alors, solidarité, mon cul !

Voilà !

Une dernière précision. La scène s'est passée dans les coulisses du Téléthon. Et quelques minutes plus tard, après avoir interprété son dernier tube en promo, X a eu des mots magnifiques de compassion pour faire un appel aux dons... et à la solidarité.

Scène de lâcheté ordinaire, hélas ! Y compris la mienne. Eh oui ! j'ai menti à X. Dans une situation pareille, je n'aurais pas filmé, ça c'est certain. Mais la peur m'aurait probablement retenu d'intervenir. J'ai été souvent témoin de quelques bastons de cette sorte dans la rue, à des terrasses de restaurant, sur la route entre automobilistes irascibles. Je ne m'en suis jamais mêlé. Effectivement, *mea culpa* ! La trouille et ma propre sécurité ont pris le pas sur le dévouement. Tu as le droit de me jeter la pierre. Mais toi, dans un cas pareil, es-tu bien sûr que l'héroïsme l'emporterait sur la prudence ?

Comme me disait Abel, un militaire à la retraite qui avait toujours soigneusement évité d'être un héros :

— La Légion d'honneur sur un cercueil, c'est une guirlande sur un sapin de Noël. Et moi, je préfère faire le réveillon du 31 décembre bien vivant.

Pour en revenir au jet de pierre, une parenthèse joyeuse pour enchaîner. Une petite blague.

Une femme adultère est lapidée sous les yeux de Jésus.

Alors, il s'adresse à la foule vengeresse :

— Que celui qui n'a jamais péché lui lance la première prière !

Et chacun pose son caillou, en baissant les yeux, honteux.

À ce moment-là, la femme adultère reçoit une énorme pierre en pleine figure.

Alors Jésus se tourne vers la femme qui l'a lancée :

— Maman, tu trouves pas que tu en fais un peu trop ?

Au-delà de la blague, une image d'Épinal. Et pas seulement dans les Vosges : le courage en meute. Les lyncheurs. Les lanceurs d'hallalis. Le déchaînement des tribunes de supporters, Les ruées de black blocs en fin de manifestation. Les vengeurs hurleurs à la sortie des tribunaux. Des loups sauvages qui, pour la plupart, une fois esseulés, ne sont que des moutons tremblants. La populace hargneuse en troupeau et bêlante en solo. En voilà de sacrés catalyseurs de notre peur des groupes !

Salauds de pauvres ? Pas seulement. Lâche un SDF au buffet d'un bal des débutantes dans le seizième, il n'aura même pas le temps de toucher aux blinis au saumon. Il se fera dégager à coups de pompe dans le train par la troupe des élégants.

L'occasion d'adouber la formule du grand Brassens :

Le pluriel ne vaut rien à l'homme et sitôt qu'on est plus de quatre on est une bande de cons.

La peur plurielle, justement. Celle d'être happé, bousculé, agressé. Oppressante au milieu de quelque foule que ce soit. Bien plus présente qu'avant pour cause de surinformation. Ces appréhensions alimentées par le subconscient. Pour les plus anciens la réminiscence enfouie de l'incendie de la discothèque du 5/7, du drame de Furiani, de celui du Heysel. Et pour les plus jeunes, bien sûr, le Bataclan, l'attentat de Nice, les massacres dans les universités d'outre-Atlantique.

Mon conseil pour éviter cette peur de groupe ?

Une lapalissade : éviter les foules.

Pour vivre heureux vivons cachés, alors ? Pourquoi pas, si on a le choix ? Mais on ne l'a pas toujours, hélas ! Les files d'attente aux guichets, aux portes des magasins de soldes. Les entassements dans le métro pour aller bosser. Les automobilistes agglutinés dans les bouchons. L'inégalité sociale qui séquestre les plus démunis dans des quartiers qui fourmillent, et isole les plus favorisés en sécurité dans des propriétés privées. Salauds de riches aussi, donc ! Mais ça c'est une lapalissade, comme on dit à la CGT.

Ah, la peur de s'éloigner du dogme ! Si manichéen soit-il.

Pour poursuivre, je vais en revenir à la traversée de Paris. Mais pas le film, cette fois. Dans le Paris d'aujourd'hui.

Pollué. Embouteillé par les travaux. Infesté par les rats. Découpé en tranches de conscience écolo par Mme Anne « Je-hais-les-bagnoles ». Gangrené par toutes les sortes d'insécurité.

Les vélos frelons qui ne respectent aucun code de la route. Et la peur bilatérale, celle de heurter pour les uns ou d'être renversé pour les autres. La pollution et les allergies qui en découlent. L'agressivité des pressés. La peur de l'altercation violente pour une priorité refusée, un pare-chocs effleuré. Les trottoirs insalubres. Les quartiers abandonnés à tous les trafics. Infréquentables. Le stress de la balade de nuit. De quoi presque inverser la formule gaullienne en la citant de sa fin à son début :

Paris libéré ! Mais Paris martyrisé ! Paris brisé ! Paris outragé !

Paris, devenu capitale symbole d'une France où nos peurs, de la plus innocente à la plus tragique, constituent la nouvelle armée d'occupation. Attisées par le contingent des soldats de la violence gratuite. Sans ligne de démarcation. Rennes, Nice, Nantes, Grenoble, Marseille. Au moins une fusillade par jour en pleine rue. Une guerre nouvelle. Sans réseau de résistance puisque chacun se tait ou se terre.

J'exagère ? Pas si sûr. Un seul exemple, le plus récent au moment où j'écris. En banlieue proche. À Saint-Ouen, une maternelle obligée de déménager pour laisser la place aux dealers. Tu crois qu'il aurait accepté ça, le général libérateur ? Même pas la peine d'argumenter, l'image se suffit à elle-même. Les mômes qui fuient pour laisser la place au shit. L'appel du 18 joints !

Et de l'autre côté de la télé, la sidération de ceux qui viennent d'apprendre la nouvelle. Une peur supplémentaire. Peut-être la plus prégnante dans notre nouvelle société. La sensation que le bouclier de la loi ne nous protège plus de rien ou de si peu. Pour cause de démission des responsables politiques garants de l'état de droit.

Comme pourrait dire l'électeur trivial en sortant de l'isoloir :

— Je veux bien me faire sodomiser, mais pas sans préservatif !

J'y reviendrai plus loin.

Et j'en arrive, donc, à ces institutions censées nous protéger qui de plus en plus sont génératrices d'angoisse.

En commençant par la police.

Il y a quelques années, Marie-Andréa, ma petite-fille, habitait dans le Sud, vers Salon-de-Provence.

Elle m'appelle :

— Y a un de mes ex qui vient de me menacer. Il a pris sa bagnole, et il m'a dit qu'il allait venir me tuer.

Aussitôt, je préviens par téléphone la gendarmerie du coin. Je leur explique la menace en leur demandant d'intervenir.

Le gendarme me demande :

— Il l'a agressée ?

— Pas encore, mais il est sur la route.

— Désolé, mais tant qu'il n'a rien fait, on ne peut pas intervenir.

— C'est-à-dire qu'il faut attendre qu'il commence à la massacrer pour faire quelque chose ?

— Oui, hélas !

Quand la procédure l'emporte sur l'urgence.

Le doigt sur la couture du règlement. Moins par entêtement que par renoncement. L'indicible dégoût qui est en train de contaminer une profession tout entière. Écœurée par une justice qui libère sur-le-champ ceux qu'ils ont eu tant de mal à arrêter. Avec parfois un doigt d'honneur à la sortie du commissariat. Les menaces sur leur famille. (Voir Nadia et Rayan.) Et cerise rouge-Marx sur le gâteau, leurs têtes mises à prix par une extrême gauche haineuse.

Tu l'as constaté dans un chapitre précédent, je suis le premier à défendre les policiers qui ont de plus en plus de mal à accomplir leur mission. Agressés, lâchés par leur administration. Obligés à des précautions de procédure parfois ubuesques pour éviter de se retrouver sur le banc des tribunaux. Je persiste et je signe. Je serai toujours de leur côté.

Mais je ne peux pas passer sous silence les excès de zèle et les abus de pouvoir de certains.

Coluche disait :

— Les gardiens de la paix, au lieu de nous la garder, ils feraient mieux de nous la foutre !

Plutôt gentil. Parce que la saillie humoristique bon enfant des années quatre-vingt s'est muée aujourd'hui en menaces récurrentes envers eux. Insultes, appels au meurtre, agressions en toute impunité. Inadmissible. Et la peur entraînant la peur, chacun est à cran. Chacun est de plus en plus sur ses gardes. Du Maghrébin tranquille qui redoute d'être assimilé à un terroriste au flic qu'on ne respecte plus.

L'escalade malsaine et dangereuse. Avec bien entendu, au quotidien, pour le contrevenant ordinaire, l'éternelle connerie primaire de certains perdreaux qui se prennent pour des aigles. Les justiciers à bas prix. Les Zorro de pacotille. Voire les Columbo de supermarché. Protégés par l'uniforme, ils expulsent leurs frustrations intimes en se vengeant sur les plus faibles, les ordinaires.

Pas question pour ces keufs-là de s'aventurer dans la jungle des cités. Trop dangereux. On va cogner dans le zoo. Les blaireaux inoffensifs. Une ceinture de sécurité oubliée, un petit larcin, un tapage nocturne d'anniversaire, un excès de vitesse, et c'est le grand numéro de cow-boy. Buffalo débile ! Et, donc, c'est là qu'on en arrive à vivre avec la peur de ceux qui devraient nous protéger d'elle.

C'était il y a quelques mois, je venais de passer un péage.

Je roulais vite, je le reconnais. Trop, certainement. Ils ont surgi derrière moi, gyrophare et sirène à fond, façon *Fast and Furious*. Ils m'ont serré avec une violence telle que j'ai évité le fossé de peu. À peine immobilisée, ils se sont précipités vers ma voiture en courant, méchants.

J'ai ouvert la vitre et je leur ai lancé :

— Vous êtes dingues ! Vous me serrez comme si j'étais un voyou en cavale.

— Ça, on peut pas le deviner.

— Quand même ! Vous pourriez être moins dangereux.

— C'est vous qui l'êtes, dangereux. Vous rouliez à cent cinquante.

— C'est pas une raison pour être agressifs comme ça. On n'est pas dans un film de gangsters, les mecs !

— D'abord on n'est pas « les mecs », on est la police d'autoroute, et ensuite on fait notre travail.

— Tu pourrais le faire plus calmement.

— Je vous interdis de me tutoyer.

— Je te tutoie si je veux.

Et là, il a posé la main sur son arme et il a hurlé :

— Alors maintenant tu fermes ta grande gueule et tu me donnes tes papiers sinon ça va mal finir, connard ! Parce que moi, j'en ai rien à foutre que tu sois Patrick Sébastien.

Juré, j'ai cru qu'il allait dégainer. Plus qu'à cran. À la limite de dégoupiller vraiment. J'étais sur le point d'en remettre une couche. Par fierté. Mais l'ange gardien de mes coups de gueule m'a conseillé le mutisme. J'ai donc obéi et je me suis tu. En redémarrant, je me suis dit rétrospectivement que j'avais bien fait de passer sur mon orgueil et de garder mon calme. Lâche, soit, mais prudent. Un incident significatif de la tension ambiante, mais banal et sans trop de dommages somme toute.

Ça n'a pas été le cas de Thomas, un ami de Vincent et Jean-Charles, tu sais, mes amis homos. Pour lui, une semaine d'hôpital et un œil presque perdu après une altercation avec un flic dans le Tarn-et-Garonne. Menaces ? Insultes ? Trafic de drogue ? Agression ? Non, juste une balade un soir dans un lieu de rencontres pour homosexuels. Et un passage à tabac en règle au seul prétexte d'une homophobie furieuse.

Avec une phrase qui n'a jamais figuré ni dans le code pénal, ni dans le manuel du flic dévoué à la patrie :

— J'aime pas les pédés. C'est de la vermine !

J'ai demandé à Vincent :

— Il a porté plainte, votre pote, j'espère ?

— Oui, mais ils la lui ont fait retirer aussitôt. En faisant pression sur sa frangine un peu junkie. Ils sont allés la voir un soir, en civil, et ils l'ont menacée de lui faire enlever ses deux gosses. C'était le deal : la plainte de Thomas contre la garde des deux gamins. Il a rectifié sa déposition. Ils lui ont conseillé de dire qu'il avait été agressé par des Gitans. C'est ce qu'il a fait.

— Et ils ont foutu la paix à sa sœur ?

— Oui. Sauf que quelques jours après sa sortie de l'hôpital, c'est les Gitans qui l'ont coincé. Il n'avait pas donné de noms, mais la communauté l'avait mal pris. Et rehôpital. Avec cette fois une plaie au couteau.

Voilà ! Exposition des faits.

Et une farandole de peurs et de leçons à tirer de ce fait divers. D'abord, la peur de l'homophobie qui, quels que soient les efforts d'inclusion dans les médias, est encore omniprésente. Surtout en province. Le phénomène s'est même amplifié. La faute à une surexposition qui n'a fait que démultiplier la rancœur des homophobes chroniques. Chez les plus intégristes, les couples homos obligatoires dans les séries et les pubs n'ont fait qu'exacerber la haine de l'inverti.

Première leçon :

La tolérance doit s'enseigner, elle ne doit pas s'assener. À taper trop fort sur un clou, on peut briser le clou.

Ensuite, la peur des gens du voyage. Mes amis. Et je ne dis pas ça seulement pour la guitare pendue autour de mon cou à laquelle je tiens tant. Il y a quelques années, j'avais récité un texte avec la voix et le gueule de Gabin dans une émission consacrée aux Gitans.

Tiens, je te l'offre. Il vaut mieux qu'un long discours.

Ça fait des siècles qu'on balade notre roulotte aux quatre coins du monde. Et ça fait des siècles que ceux qui restent ont la trouille de ceux qui passent.

Oh ! je vois bien que tu fais semblant de ne pas m'avoir reconnu. Mais tu me connais, et tu me connais très bien. Tu sais qui je suis ? Je suis le bohémien. Celui qu'un jour tu as chassé devant les tiens, en criant : « Au voleur, il va nous porter malheur ! » Et tu savais que j'étais innocent. Mais ça faisait bien de chasser les Gitans.

Oh, je ne t'en veux pas ! La bonne conscience d'un honnête homme n'a jamais été ébranlée par le jugement d'un con. Seulement, laisse-moi te poser quelques questions.

Est-ce qu'on n'a pas le même sang ? Est-ce qu'on est vraiment si différents ? Est-ce qu'on n'a pas le même cœur et les mêmes larmes face au malheur ? Est-ce qu'on n'a pas le même respect pour nos mamans et le même sourire pour nos enfants ?

Alors tu vois, ce soir, c'est moi qui t'invite au voyage. On a mis pour ton plaisir nos âmes dans nos guitares. Et si tu as autant de respect pour nous qu'on a d'amour pour toi, tu fais déjà partie de la famille. Et tu seras chez toi sur toutes les routes du monde.

Deuxième leçon :

Si tu trouves une poule morte dans ton champ, demande au fermier s'il ne l'a pas écrasée avant d'accuser le renard.

Et puis la peur des flics pour terminer sur le sujet.

Bien sûr qu'il y a des brebis galeuses. Ceux dont Coluche disait qu'ils avaient fait flics parce qu'on ne voulait pas d'eux aux PTT et à la SNCF. Des tordus, des dingues. Mais ce n'est surtout pas une généralité. Quoi qu'en dise Mélenchon qui a décrété, cette fois pour flatter les manifestants dans le sens de la banderole, qu'ils étaient des assassins. Tous. Absolument tous.

Avec une troisième leçon. Une phrase qui aurait pu être de Mélenchon, justement. Joli paradoxe :

Au Bataclan, les terroristes étaient musulmans. Ce n'est pas pour ça que tous les musulmans sont des terroristes.

La peur de l'institution judiciaire, à présent.

Avec encore une phrase de Maman que tu connais déjà si tu es de mes fidèles :

On est tous égaux devant l'injustice !

En préambule, pour nous amener au vif du sujet, je voudrais rendre un hommage à l'humoriste star des années soixante : Fernand Raynaud. Le fantaisiste le plus populaire de l'époque qui valait bien plus que son personnage de Français moyen nunuche. Avec, une fois de plus, le jugement au premier abord des artistes qui fait confondre ce qu'on joue avec ce qu'on est. Dans le cas de Fernand, ça a généré un traumatisme bien plus important qu'il n'y paraissait. Ajouté à ça, l'excès de convivialité pressante qu'engendrait une popularité sincère mais trop envahissante.

Je me souviens d'un dîner de rêve avec Charles Aznavour, Frédéric Dard et Raymond Devos. Ce dernier nous avait raconté la souffrance de Fernand, blessé par le manque de respect envers lui. Sa frustration artistique et humaine. Il détestait les familiarités, les bourrades dans le dos. Dans leur rivalité d'humoristes, il en était d'autant plus atteint qu'on appelait Devos « monsieur » et qu'on s'inclinait devant lui.

C'était une des raisons principales pour lesquelles il se réfugiait souvent dans l'alcool. Il était d'ailleurs sans doute ivre, à sa dernière heure, quand sa voiture s'est écrasée contre un mur. Celui d'un cimetière. Le pied de nez de sa camarde personnelle. Livraison à domicile. Uber rire !

Le manque de considération peut tuer par procuration. Surtout quand elle est profondément injustifiée. Les sketches de « monsieur » Fernand Raynaud allaient souvent bien au-delà de la gaudriole futile. Remplis de messages d'une lucidité étonnante. Ça ne méritait pas un siège à l'Académie française, bien sûr, mais avec le recul, quand on s'y attarde, on y trouve des pépites d'analyse sociétale.

Pour ma démonstration, je vais survoler brièvement trois de ses sketchs.

Le premier : « Le douanier ».

— Je suis pas un imbécile puisque je suis douanier !

La caricature d'un fonctionnaire obtus, mais surtout la dénonciation d'un racisme primaire. Avec, au milieu des éclats de rire, une citation merveilleuse :

Il n'y a pas une seule race où une mère aime son enfant plus que dans une autre race.

Un douanier obtus harcèle l'« étranger » de son village, en lui reprochant de venir manger le pain des Français. Excédé, l'« étranger » finit par quitter le village. Et ses habitants n'ont plus de pain… Il était boulanger. Amusant, profond, et tellement visionnaire. Dans une France d'aujourd'hui où l'immigration sera certainement le sujet phare de la prochaine présidentielle.

Le deuxième : « Le brassard ».

L'entêtement imbécile d'un employé de mairie affecté aux barrières, le jour du défilé des chars.

— On ne passe pas ! Aujourd'hui, je suis quelqu'un. J'ai un brassard avec le tampon de la mairie.

En face de lui, un toubib qui doit intervenir pour un cas d'urgence.

— Non. On ne passe pas.

— Je suis médecin.

— Vous ne passerez pas. À partir de 2 heures personne doit passer. Vous pouvez porter plainte contre moi, je ne risque rien, j'ai le bouclier de la loi.

Palabres. Intransigeance. Le docteur insiste :

— Mais je dois sauver une petite fille. Au double zéro de la rue de la Fraternité.

— Oh, mais c'est là que j'habite. C'est peut-être ma fille. Allez-y vite !

— Mais vous m'avez dit que vous n'aviez pas le droit !

— Oui, mais nous, entre fonctionnaires, on s'aide un peu.

— Non… Depuis le temps que vous m'expliquez que vous avez un brassard avec le tampon de la mairie qui vous donne tous les droits. C'est trop tard, votre brassard vous pouvez le mettre en deuil.

Magnifique et tellement lucide sur la veulerie et l'obstination crasse du moindre individu investi d'un pouvoir officiel.

Le troisième : « Les citrouilles ».

Un brave paysan fait pousser ses citrouilles avec amour. Mais il s'aperçoit qu'on lui en vole. Une nuit, il se cache pour surprendre son voleur. Et il le bastonne. Le voleur portera plainte contre lui et au tribunal il sera condamné. Il sera obligé de revendre toutes ses citrouilles pour payer les dommages et intérêts.

Une allégorie, là aussi tellement actuelle. À l'heure où, écœurés par l'impunité grandissante, de plus en plus de gens sont tentés de faire justice eux-mêmes. Mais à leurs risques et périls. Parce que dans ce cas, la légitime défense est plus qu'aléatoire.

Être coupable d'avoir été victime, en voilà un bel oxymore !

La phrase de fin du sketch de Fernand est une des litanies qu'on entend le plus aujourd'hui :

— Y a pas de justice !

Il y en a une. Mais bien trop faillible, hélas ! D'où les peurs de l'affronter. Soit, si on est accusé, celle de se faire condamner au-delà d'une juste peine. Soit, si on est victime, celle d'être floué par une sanction, pour le coupable, bien inférieure à l'importance du préjudice subi. Et ce, bien souvent, en fonction de notre statut social ou de nos moyens.

L'éternelle moralité de Jean de La Fontaine :

Selon que vous serez puissant ou misérable, les jugements de cour vous rendront blanc ou noir.

C'est surtout :

Selon que vous aurez un avocat puissant ou misérable...

D'où la conversation imaginaire à la sortie du procès perdu. L'avocat qui demande à son client :

— Je suppose que vous vous êtes fait une nouvelle idée de la justice ?

— Oui, je me la suis bien faite, maître !

Au son, et sans la virgule, ça résume tout.

Pour être tout à fait honnête, et même en restant critique envers le système, je dois quand même reconnaître que la peur de la sanction judiciaire reste le garde-fou le plus efficace contre la délinquance ordinaire. En tout cas chez les citoyens les plus honnêtes. Une des rares peurs positives. Combien sommes-nous à avoir eu en secret des envies de vol, de trafic et même de meurtre ? Mais sans passer à l'acte juste par la crainte de la punition carcérale.

C'est assez paradoxal, d'ailleurs. Aujourd'hui, cette sanction, autant les braves gens la redoutent, autant les pires violeurs de la loi sont ceux qui la craignent le moins. Soit par excuse de minorité. Soit à cause de l'idéalisme d'une magistrature qui en est arrivée à faire du laxisme un dogme. Les voilà relâchés à peine arrêtés. Condamnés à des sursis qui les laissent en liberté avec tout loisir de recommencer. Ou enfermés dans des prisons-écoles du crime avec télé, portable et distractions ludiques.

Je ne m'attarde pas. Je survole.

Gégé, le vanneur, complète :

— C'est ça, tu survoles ! Comme les drones qui leur livrent la came !

Et donc, les deux peurs qui s'entrecroisent chez le quidam ordinaire. Celle d'une sanction sans mansuétude pour un écart minime. Et celle d'être victime de vols ou agressions de toutes sortes par ceux à qui la justice a octroyé largement cette mansuétude.

Pour presque en finir avec le sujet, je m'arrêterai à la peur qui suscite sans doute une des pires incompréhensions du Français moyen : la remise en liberté de l'assassin impardonnable. Comme si on relâchait un renard dans un poulailler. Et la terreur de la récidive qui est malheureusement fréquente.

Un ami, dont l'épouse avait été tuée par un type libéré au bout de dix ans pour bonne conduite, m'avait dit :

— En cas d'assassinat, la peine à perpétuité n'existe que pour nous.

L'occasion de t'offrir encore un texte. Il illustre parfaitement le sujet. Ce sont les paroles d'une chanson grave et intimiste extraite de mon album *Entre nous*. Ces paroles m'ont été inspirées par Gilbert Jourdan, mon ami, le père de la petite Céline. Une gamine violée et massacrée à La Motte-du-Caire en juillet 1988. Un fait divers qui avait bouleversé la France entière.

Je t'en reparle aujourd'hui, parce que, récemment, Gilbert m'a confié que le coupable encore en vie risquait d'être libéré bientôt. (Au passage, il s'appelle Gentil, ce coupable. Comme si Mère Teresa s'était appelée Ordure. Il existe aussi des synchronicités diaboliques.) Cette éventuelle libération a réveillé sa douleur et sa peur. Pas pour lui, pour les autres. Il m'avoue, des larmes de colère dans les yeux :

— Ce type est un monstre. Il a massacré ma fille sans exprimer le moindre remords. Il n'a jamais eu une seule visite en prison. Qu'est-ce qu'il peut faire dehors, à part recommencer ?

Voici le texte de ma chanson.

Elle s'appelle : « Perpète »

On m'dit, il s'ra plus le même après vingt ans d'placard
On est des hommes quand même, faut lui laisser l'espoir.

On m'dit qu'il va payer, qu'il sortira guéri
Moi ma perpétuité, c'est pour la vie

On m'dit qu'il est malade, qu'c'était un coup d'folie
C'est quoi cette mascarade, c'est quoi cette infamie ?
J'veux pas la peine de mort, mais j'veux pas le sursis
Vingt ans, puis quoi encore ? Moi ce s'ra pour la vie

J'veux pas qu'la bête sorte de son trou
J'veux pas la voir dehors
Je veux perpète un point c'est tout
Faut plus qu'elle morde encore

J'veux pas qu'la bête sorte de son trou
Je sais, c'est pas humain
Je veux perpète, un point c'est tout
Ma fille sortira pas du sien.

Et tous ces beaux parleurs qui me volent mon chagrin
Qui étalent leur grand cœur, dis, qu'est-ce que tu fais du mien ?
Et tous ces moralistes qui parlent de compassion
Je suis l'premier d'la liste, j'suis pas l'dernier des cons

Tu peux tout m'expliquer, il a volé ma vie
Il a même pas pleuré, moi je chiale toutes les nuits
J'aimerais avoir la force des braves gens qui pardonnent
Je sais bien qu'c'est atroce, mais moi, j'pardonne à personne

J'veux pas qu'la bête sorte de son trou
J'veux pas la voir dehors
Je veux perpète un point c'est tout
Faut plus qu'elle morde encore

J'veux pas qu'la bête sorte de son trou
Je sais, c'est pas humain
Je veux perpète, un point c'est tout
Jusqu'à la fin

J'veux pas qu'la bête sorte de son trou
J'veux pas qu'la bête sorte de son trou

J'veux pas

L'actualité nous impose chaque jour des monstres nouveaux. Assassins, violeurs, pédophiles. Et nos peurs, une fois de plus, sont alimentées par les images en boucle des médias. Un des remèdes à ce mal-être est de fuir ces chaînes d'infos en continu. De lutter le plus possible contre cette attirance malsaine. La même qui nous fait ralentir devant un accident, en voyeur. Celle, morbide, qui nous fait nous précipiter sur nos portables pour être les premiers à annoncer aux amis la mort de tel ou tel.

Lourde tâche de se débarrasser de l'écran anxiogène addictif. Mais tu peux toujours essayer. Progressivement. En « jeûne intermittent » au début. Et plus tard, éventuellement en « ramadan ». Je t'avoue que, pour l'instant, je n'ai pas pu décrocher. Mais parmi mes amis, certains se sont totalement déconnectés de l'actualité. Ils m'ont avoué avoir éradiqué la plupart de leurs peurs diffuses.

Alors, pourquoi pas toi ?

Allez ! pour aérer, une petite blague de prétoire.

C'est l'avocat de Sarkozy qui lui apprend :

— Ça y est, Nicolas, la vérité a triomphé !

— Alors, faites appel !

Saillie d'actualité quand pas un jour ne se passe sans l'inculpation nouvelle d'un de nos politiques chéris. Avec en tête de liste, au moment où j'écris, la condamnation de Marine Le Pen. Au sommet de la pyramide de l'ubuesque. Cet empilement de coupables qui se font passer pour des victimes.

La parole est à la défense.

— Mme Le Pen est victime d'un procès politique.

— Peut-être, mais son parti a quand même détourné plus de quatre millions d'euros d'argent public.

— Ce n'est pas le sujet.

— Ben voyons ! Et la marmotte enveloppe le chocolat dans le papier d'alu !

Ubuesque, je te dis !

Et, en écho, au bas de cette pyramide se développe une victimisation galopante pour justifier nos propres fautes. Voir le voleur de citrouilles de Fernand. Et tant d'autres. Le violent victime de son addiction à l'alcool. Le dealer, le braqueur de rue, victimes d'un pouvoir politique qui les a abandonnés. Le pédophile victime du même outrage dans son enfance.

Nous vivons dans le monde de l'excuse. Forcément anxiogène. Puisque, à chaque préjudice subi, la justice a pris l'habitude de donner priorité au célèbre : « C'est pas sa faute. » Tellement pratique ! Et sournoisement, cette clémence judiciaire a déteint sur toute une société. Le « c'est pas ma faute » a contaminé la vie au travail, la vie en couple, l'éducation. Ce transfert de culpabilité sape chaque jour un peu plus le vivre-ensemble.

Les tribunaux sont embouteillés de plaintes, d'appels. Chacun se dédouane de ses propres fautes en assignant à la moindre occasion celles des autres. Au point que le statut de victime pourrait presque être ajouté sur nos cartes d'identité. En signe distinctif. Avec un numéro privé, comme à la Sécu.

« J'accuse », écrivait Zola. Moi, juste Zozo, j'accuse l'institution judiciaire d'exemplarité néfaste. Elle doit être respectée et en aucun cas je ne mets en doute son bien-fondé. Mais j'aimerais qu'elle inscrive à son fronton :

Les addictions, les abandons, les blessures du passé ne doivent être que des explications, jamais des excuses.

Pour aérer encore, un dernier détour, purement humoristique, gratuit et grivois, par la justice, avant d'aborder les graves appréhensions générées par l'institution médicale.

Trois cas de jugements insolites.

Le plus récent, près de Toulouse. Un homme a perdu le contrôle de son véhicule pendant que sa compagne lui faisait une fellation. Elle n'était donc pas au volant, mais a cependant été punie pour mauvaise conduite. Au nom du permis à points de la morale, elle a été condamnée pour mise en danger de la vie d'autrui !

Le covoiturage sexuel à deux doit être mieux codifié. Il est urgent de mettre un avenant au code de la « biroute » ! Je sais, ce jeu de mots-là est très limite. Mais je suis quand même tenu d'honorer de temps en temps mon image de marque de beauf trivial. Ne serait-ce que pour ne pas assécher l'eau du moulin de mes Torquemada chéris !

La confession de Paola, maintenant. Un ami travesti au bois de Boulogne.

La prostitution y est autorisée, mais le racolage interdit. Toutefois, certains flics inventent tous les prétextes pour chercher des poux dans la perruque des travailleuses forestières. Parfois même le chantage leur fait dealer le prix de l'amende à acquitter contre une gâterie. Paola, qui venait de refuser ce chantage, m'a fait lire la raison de l'amende de deux cents euros qu'on lui avait infligée. Il était écrit :

Promenade en sous-bois en tenue extravagante en dehors des périodes carnaval.

Magnifique, non ?

Et pour terminer, la confession d'une autre amie. Kim. Une vraie fille, celle-là. Actrice porno. Son compagnon de tournage avait une hygiène douteuse. Au point qu'au milieu d'une scène elle a voulu renoncer à la fellation. Mais son partenaire l'y a forcée. Alors, de rage, elle l'a mordu profondément. Et donc, en arguant d'un « outil de travail » amoché, il a porté plainte pour coups et blessures ayant entraîné une incapacité de quinze jours ! L'occasion pour ma Kim chérie de me balancer sa sentence à elle. Une vérité qui va sans doute ramener à plus d'humilité les mâles tout en forfanterie, si fiers d'une virilité plus grosse que la moyenne :

— Le plus important pour un sexe d'homme, ce n'est pas la taille… C'est le goût !

Après la trivialité joyeuse, pour la dernière partie de ce chapitre, l'angoisse de nouveau : les peurs multiples liées au corps médical et à ses pratiques. Entre autres, l'insécurité des Urgences, entre la faune agressive et le temps d'attente. Tu peux y ajouter l'hospitalisation et le risque de maladies nosocomiales. Et surtout, le délabrement psychique des soignants. Exploités, harassés. Obligés à contrecœur, à contre-vocation, de bâcler les soins et le réconfort, faute de moyens. Un crime contre l'humanité que l'on doit à chaque patient.

Tout ça à cause d'une administration technocratique, froide, lâche, dénuée de toute compassion. Et surtout par la faute d'un gouvernement démissionnaire. L'inadmissible abandon d'un domaine prioritaire. Déserts médicaux, restrictions budgétaires. Avec l'éternelle rengaine des promesses électorales qui jurent une refonte du système. Promesses envolées dès la sortie de l'isoloir.

Le serment d'hypocrite !

Et, en amont, pour toi, entre les cabinets de médecins et les laboratoires, une autre peur. Peut-être la plus sournoise : celle du diagnostic. Qui n'a pas tremblé en attente du verdict ? Qu'il sorte de la bouche de l'homme de l'art, de l'imagerie d'une radio, ou qu'on le détaille sur la longue liste des résultats d'analyses.

Exemple personnel.

Une IRM de contrôle à Paris, il y a trois mois. Pour vérifier l'état de mon rein gauche après l'opération qui l'a débarrassé de sa tumeur il y a deux ans. RAS… Ouf !… Mais un ouf ! de courte durée.

Une tache blanche sur l'autre rein.

Je demande au radiologue :

— C'est quoi ?

— Rien de sûr. Mais pour moi, à quatre-vingts pour cent c'est cancéreux.

Et boum ! jamais deux sans trois. Et l'appréhension d'une nouvelle opération. Voire pire, d'un cancer qui cette fois se développerait. Une inquiétude bien sûr, mais avec la dédramatisation que la sagesse m'a apprise. Une fois de plus, accepter que les choses arrivent parce qu'il est écrit qu'elles doivent arriver. Et donc, un apaisement relatif et raisonné de chaque instant pour éloigner de moi l'idée du pire.

Jusqu'à ce que je revoie le chirurgien qui m'avait opéré.

Scanner avec injection, et verdict :

— Non. Pour moi, c'est un kyste. Rien de cancéreux. Mais à surveiller, bien sûr.

— Le radiologue s'est un peu planté sur ce coup ?

— Plutôt, oui. Mais à sa décharge, j'avais des éléments postopératoires dont il ne disposait pas. Ceci dit, la médecine, ce n'est pas le poker. Il vaut mieux éviter de faire tapis avec une paire de deux.

Partie remise, donc.

Et le ciel qui s'éclaire d'un coup.

La peur est un orage qui gronde. Il peut t'envoyer la foudre. Mais il peut aussi se détourner et passer à côté.

Un conseil supplémentaire, donc : dans le domaine de la médecine, il faut toujours s'efforcer de relativiser en attente d'un diagnostic certain à cent pour cent. Et surtout, ne jamais hésiter à solliciter un deuxième avis. Et c'est là qu'on touche au cœur du sujet qui nous intéresse ici. Le stress généré par cette sorte d'inquiétude est déclencheur d'autres soucis de santé bien plus souvent qu'on le croit. La faiblesse psychique qui crée la faille organique.

J'ai un tas d'amis autour de moi malades juste d'avoir cru qu'ils l'étaient. Ils développent des allergies, des problèmes intestinaux, neurologiques, voire des carences irréversibles uniquement dues à une obsession du pire. D'autant plus aujourd'hui avec les sites pseudo-médicaux du Net. Si on a la sale manie de s'y référer à tout propos, on peut se croire atteint de toutes les maladies du monde.

J'en ai fait un dialogue amusant dans ma dernière pièce *Le Joyeux Chantage.* J'y incarne un toubib en interactivité avec le public que j'ai imaginé représenter la salle d'attente. En désignant une spectatrice à mon épouse, je lance :

— Regarde celle-là ! Elle a lu sur le Net que les chansons d'Aya Nakamura donnaient le cancer des oreilles, elle s'est fait couper les deux… ce qui fait qu'elle y voit moins bien.

Mon épouse rectifie :

— Qu'elle entend moins bien !

— Non. Qu'elle y voit moins bien. Elle a toujours les trous mais elle peut plus poser les branches des lunettes !

C'était juste pour sourire, mais les conséquences de cette hypocondrie obsessionnelle sont parfois réellement graves. À l'image de l'automédication de Dalhia, la femme de mon ami Aerys, ils sont nombreux autour de moi à quotidiennement altérer leur santé par peur de la perdre. De régime de charlatan en substitut nocif. Avec l'aval, évidemment, d'une industrie pharmaceutique à l'affût du moindre profit.

Je ne m'attarderai pas outre mesure sur l'illustration la plus parlante de ce que je viens de t'énoncer : l'épidémie de Covid. Ce que j'en ai écrit dans un livre précédent m'a valu des accusations de complotisme. Tant pis si on me les réitère. Non seulement je les assume, mais je les revendique.

Il y a un fait avéré. Si beaucoup sont morts de cette maladie, d'autres, quoi qu'en disent les légitimistes, l'ont été de sa thérapie. Avec une remarque incontestable. Sur la notice d'utilisation du moindre médicament, il y a une liste sans fin d'effets secondaires. Là, on nous a injecté un produit sans nous prévenir des séquelles éventuelles. Rien que cela justifie la remise en question d'un système qui nous a imposé une médication dangereuse au pire, hasardeuse *a minima.*

Avec le recul, les scientifiques en arrivent à reconnaître aujourd'hui qu'il y a eu des dommages collatéraux. Mais en arguant du fait que ça a sauvé beaucoup plus de vies que cela en a pris. Ceci dit, morts à cause du vaccin ou sauvés par lui qu'importe le quota. Que la peur ait été alimentée pour des raisons sanitaires ou purement commerciales, elle illustre ce qui aurait pu être le titre de ce chapitre : « Le parapluie bulgare ». Quand l'outil présumé de protection devient un danger.

Mon conseil :

Nos soucis sanitaires sont dans l'ordre des choses. Il est parfois moins dommageable d'accepter de vivre avec plutôt que de tenter de les éradiquer à n'importe quel prix. La peur du pire occulte toujours notre vision du réel.

Il vaut mieux se satisfaire d'être borgne plutôt que de risquer d'être aveugle.

Pour conclure, l'exemple le plus aberrant d'automédication incertaine dont j'aie été témoin concerne mon vieux complice Paul Préboist. Je l'avais envoyé aux États-Unis faire un sujet sur un artiste qui faisait un numéro de cabaret avec des orangs-outans. Au retour, il avait décidé de ne se nourrir que de bananes !

Il argumentait :

— Les orangs-outans qui ne mangent que ça ont une santé et une énergie incroyables. Si c'est bon pour eux, ce sera forcément bon pour moi.

Ce raisonnement collait parfaitement au personnage lunaire et décalé qu'il était. J'ai eu beau essayer de le convaincre que se nourrir uniquement de ça était plus dangereux que salutaire, il ne m'a pas écouté. Je suis persuadé que cet entêtement simpliste est pour beaucoup dans le cancer qui s'est déclenché quelques mois plus tard et qui l'a emporté.

Pendant toute cette période, son dessert préféré était la banane flambée.

Il a été inciméré.

Paul caramélisé. Fernand Raynaud et son mur de cimetière. Coluche, le poids lourd des comiques, atomisé par un camion. Les joyeux Le Luron, Carette, Kakou emportés par la maladie des gays.

Jeux de mots hasardeux pour une synchronicité tirée par les cheveux, je te l'accorde.

Mais, quand même !

C'est fou comme les camardes des humoristes peuvent être farceuses.

Pourvu que je ne meure pas empoisonné par une boîte de sardines avariées !

MONSIEUR GUY

Dialogue impromptu entre moi et moi :

— Tu veux vraiment faire ça ?

— Oui.

— Et tu ne crains pas de te planter ?

— Ça se pourrait. Mais ça ne m'empêchera pas de le faire.

— À ton âge, tu risques de ne pas en profiter beaucoup.

— C'est possible. Mais même si je crève le lendemain de l'ouverture, j'aurais eu la satisfaction de l'avoir fait.

— T'es dingue !

— Sûrement. Mais tu sais bien que, pour moi, la plus grande folie, c'est d'être raisonnable.

Ça va s'appeler *Le Plus Petit Cabaret du monde*. Mon dernier défi. Dans le Lot. À cinq kilomètres de mon antre de Martel. Un phare de bonheur dans le Haut-Quercy. Pour attirer les voyageurs. Outre l'escale dans ma taverne à plaisirs, ils pourront découvrir toutes les merveilles de cette région superbe. Une halte festive et conviviale dans la France des résistants, voilà mon ultime projet.

Périlleux.

Un investissement économique important pour une rentabilité minime. Des complexités administratives. Un « collectif » adversaire du projet comme lorsqu'il s'agit de chaque nouveauté qui sort de l'ordinaire. Un amalgame de craintifs, de pousse-mégots, de jaloux chroniques qui veulent nous empêcher d'exister sans véritables argumentations. Si ce n'est certaines, qui, je te l'avoue, m'ont stupéfié.

— Ah, mais ça peut être dangereux ! Il y a des gens qui vont sortir fumer dehors. Il y a des maisons à cent mètres. Et si un voisin attrape le cancer de la gorge ? Et en plus, avec les phares des voitures sur le parking, ils peuvent avoir une cataracte !

Hallucinant !

Et puis, comme j'ai annoncé qu'entre autres il y aurait probablement une revue de transformistes au programme de mon cabaret, j'ai entendu :

— Ah mais, non ! Va y avoir des pédés. Ils vont baiser dehors et laisser traîner des capotes par terre !

Authentique et affligeant.

Mais, bon ! tout est fait en parfaite conformation avec les lois. Donc, peu de chances que leurs bâtons empêchent nos roues de tourner. Mais quand même, beaucoup de mes proches se sont inquiétés. Avec la phrase récurrente :

— Tu n'as pas peur ?

— Peur de quoi ? Des difficultés, de l'échec, des malfaisants ? De l'inutile ?

C'est vrai qu'à mon âge je n'ai pas grand-chose de matériel à gagner dans l'aventure. J'ai, financièrement, de quoi vivre tranquillement les jours qui me restent. Artistiquement je n'ai rien à prouver. Et je prends le risque d'un échec qui viendrait dévaloriser mon palmarès de succès divers. Une déception qui planterait sur le gâteau de ma vie une griotte avariée en guise de cerise.

C'est justement ça qui me motive au-delà de tout. La peur rose, encore. L'adrénaline du pari. Avec, comme gain, quoi qu'il en soit, en bénéfice net d'impôt : le plaisir. Le plaisir de rire, chanter, partager chaque soir des émotions vraies. Du bonheur à l'état pur. De la convivialité, du rêve en paillettes. Pour combler mes rêves d'enfant à la lisière du grand départ. Pour rester vivant tout simplement.

Sinon quoi ? Rendre les armes. Rendre mon âme. Pépère. De risque-tout à risque-rien. De Casanova à casanier. La pêche. Le bricolage. Remplir les trous de mon emploi du temps avec des balles de golf. Ou même, les balades dans des pays lointains. Profiter de mon aisance dans des hôtels de luxe. Parader dans des soirées en mon honneur. Randonner. Jardiner.

Aphorisme horticole de circonstance :

Quelles qu'en soient les épines, il vaut mieux cueillir des roses nouvelles que s'endormir sur ses lauriers.

Ce sera donc mon dernier feu d'artifice. Avec Maman et sa robe Vichy en sentinelle. L'endroit où je construis ce cabaret est celui de *La Table au fou*, le restaurant que je lui avais offert en 1992. La boucle bouclée. Elle et moi. D'autant plus qu'elle était une égérie chez Michou. Alors tu penses ! les transformistes à la maison ! et l'enseigne sans apparat. Simple. Populaire. Pour ne jamais oublier de n'être que ce que je suis. Un simple marchand de bonheur.

Le Plus Petit Cabaret du monde sera sous-titré : *Chez Patoche*

Alors, le risque de quoi ? D'être heureux ?

Il y a pire comme frayeur, non ?

Ne laisse jamais passer la possibilité d'un bonheur. Quel qu'en soit le prix à payer. Au contraire de l'adage pessimiste, la chandelle en vaut toujours le jeu.

Dans cet ultime chapitre, un peu plus personnel que les autres, je vais donc aborder la peur d'entreprendre. Plus largement, celle du premier pas, de l'audace. Celle qui rôde dans chacun de nos défis. Projets d'entreprise, examens, concours, rencontres amoureuses. Cette peur accompagne nos vies de tous les jours, elle est un peu plus présente dans les métiers du spectacle, je m'y attarderai longuement. Mais pas seulement.

Avec, en exergue, la phrase célèbre de Lao-tseu :

L'homme qui ne tente rien ne se trompe qu'une fois.

23 septembre 1974.

La date du début de l'aventure. Mon départ pour Paris à l'assaut d'une éventuelle carrière dans le spectacle. (Au passage, une synchronicité de plus. Insignifiante mais amusante. Ce premier pas correspond jour pour jour au premier souffle de vie de Cyril Hanouna.) Je pars sans garantie, sans adresse. Avec, outre une vieille valise et six cents francs en poche, l'espoir comme seul bagage.

Maman m'a accompagné à la gare de Brive.

Elle me demande :

— Tu n'as pas peur d'être un peu perdu là-haut ?

— Un peu, forcément. Mais tu sais, c'est ma peur rose. C'est plus excitant qu'effrayant.

— De toute façon, je sais que ça va marcher. À condition que tu n'oublies jamais d'où tu viens.

Et elle me dit la phrase-clé. Celle que, aujourd'hui, je m'applique à répéter à mes enfants, quelles que soient leurs prises de risques, leurs fautes et leurs errances.

— J'ai confiance en toi !

L'antipeur. Le sésame pour ouvrir la porte de la confiance en soi-même. Le passe indispensable pour ne pas rester sur le seuil de nos ambitions. La pince-monseigneur pour forcer la porte de nos destins. Métaphores de cambrioleur hasardeuses mais justifiées. Parce que chaque défi est une effraction.

Un vieil ami braqueur dans les années soixante-dix me confiait :

— Bien sûr qu'on a un peu la trouille en entrant dans la banque. C'est humain. Mais il faut la balayer par la confiance en soi.

— Ben voyons ! Avec une arme à la main, c'est quand même plus facile !

— Écoute, Patrick, j'ai cassé une dizaine de banques. Chaque fois, j'avais un flingue, mais je n'ai jamais tiré un seul coup de feu. La peur, c'est le centre de tout. Dans un braquage, la meilleure arme, c'est d'éliminer la sienne et de déclencher celle des autres. C'est le ton avec lequel tu demandes l'argent qui fait tout. Il faut hurler, terroriser. N'oublie jamais ça, ça pourra te servir.

J'ai souri :

— Je n'ai pas du tout l'intention de me lancer dans le hold-up !

— Bien sûr. Mais là, je te parle juste de ta vie de tous les jours. Regarde mon tatouage.

Il a soulevé son tee-shirt pour me monter quatre lettres inscrites en majuscules sur sa poitrine.

TPTP.

— Ça veut dire quoi ?

— T'as Peur, T'as Perdu !

Je ne suis pas allé jusqu'à me tatouer cet acronyme de voyou. Je l'ai juste inscrit dans ma mémoire de saltimbanque. En usant de toutes les astuces pour éloigner mes appréhensions à chaque défi. Entre autres, pour lutter contre le trac à chacune de mes entrées en scène. J'en ai vécu des milliers. Des salles minuscules des petits cabarets de mes débuts, à des espaces où s'entassent jusqu'à trente mille personnes dans mes spectacles festifs d'aujourd'hui. Et même, par petit écran interposé, quand je savais que grâce à TV 5 Monde mon *Plus Grand Cabaret* allait être regardé à travers la planète par des dizaines de millions de personnes.

Même en solo, toute personne qui se présente devant un public se produit toujours en duo. Elle et son trac. Artiste sur scène, politique à la tribune, animateur ou chroniqueur à la télé. Ou tout simplement professeur au pupitre, écolier au tableau, conférencier, débutant devant un jury, tribun d'occasion et tant d'autres. Ils sont très peu à ne rien ressentir du tout.

Pour les autres, des variations sur l'échelle du stress. Soit une simple appréhension. Soit une oppression à couper le souffle, les jambes, parfois même la parole. Pour un artiste, un après-midi de première, l'aphonie est courante. Mon oto-rhino m'a avoué que le remède était une simple piqûre. Miracle ! Deux heures après, la voix revient.

— De la cortisone ?

— Parfois. Mais dans quatre-vingts pour cent des cas, un placebo. Juste de l'eau.

Abracadabra !

Le pouvoir du psychique sur le physique.

Pour le trac, chacun ses symptômes. Piaf et Brel vomissaient avant d'entrer en scène. Il est arrivé aux plus sensibles de s'évanouir. Et chacun ses solutions. Même les plus surprenantes. Bécaud, terrorisé, se payait un vigile pour l'empêcher de s'en aller ! Certains artistes prennent des douches froides. D'autres inondent leur loge de parfum d'encens. D'autres encore serrent entre leurs doigts des gris-gris, des amulettes.

Il y a la prière aussi. On m'a rapporté la piété d'un grand chef d'entreprise qui s'agenouillait devant la Vierge avant chaque réunion pour lui réclamer la facilité d'élocution. Au dernier conseil d'administration, il vient de licencier deux cents personnes. Ah, la charité chrétienne !

Et puis, bien sûr, il y a l'usage de toutes sortes de produits addictifs. Drogues, tranquillisants, alcool. Je connaissais un grand du rock qui ne prenait de la cocaïne que pour monter sur scène. Addict de circonstance. Il m'avait confié que s'il en restait, il la jetait une fois sa tournée achevée. La juste dose.

Pour moi, c'est le whisky qui a été le remède antitrac pendant dix ans. À cette époque, je buvais plus d'un litre quotidiennement. Jusqu'au jour où j'ai décidé de l'arrêter totalement. Mais il me fallait un substitut. Alors, j'ai tout misé sur ma force mentale. De placer mon seuil de résistance à l'angoisse ailleurs que dans le fond d'un verre. C'est là que je me suis rendu compte que j'aurais pu ne me contenter que de ça. C'est comme dans une relation amoureuse tendue. Il suffit parfois, tout bêtement, de l'arrêter pour s'apercevoir qu'on pouvait très bien s'en passer.

Dans la droite ligne de mes conseils pour atténuer tes peurs, je vais te faire cadeau de deux de mes secrets antitrac d'aujourd'hui. Sans additifs chimiques, alcooliques ou mystiques. Que tu sois artiste, tribun, débutant ou confirmé, je suis certain que ça pourra te servir.

Le premier est le plus intime. À chaque attente en coulisse, je visualise à mes côtés, me tenant la main, l'enfant que j'ai été. Celui qui rêvait des sunlights. Chaque fois, il me murmure :

— Tu y es dans ton rêve. T'aurais payé pour être là. Alors profite à fond de cette chance-là.

Juré, ça marche à tous les coups.

Le deuxième est moins louable, mais ça marche aussi. Je pense à un artiste que je n'aime pas. Un usurpateur. Et la petite voix de ma fierté me dit :

— Si ce connard l'a fait, tu peux le faire !

Étrangement, cette résistance au trac n'est pas née de mes premiers pas sur scène. Elle a été initiée bien avant. À contrecœur. À contre nature. Lorsque, en 1972, après avoir abandonné la fac de lettres, pour gagner la vie de mon jeune couple, je suis devenu représentant en encyclopédies.

À dix-neuf ans, le trublion extraverti et grande gueule que je semble être aujourd'hui était un jeune adulte timoré et renfermé. Eh oui ! jusqu'à mon expérience de vendeur en porte-à-porte, j'avais beaucoup de mal à affronter les autres. Sans doute les relents d'une bâtardise qui m'excluait sans cesse de la vie de groupe. D'ailleurs, ça va sûrement te paraître incroyable, mais, même encore aujourd'hui, je traîne parfois cette légère appréhension.

À l'entrée d'un restaurant, d'un stade, d'un studio, d'une salle d'attente, une petite voix me murmure :

— Si ça se trouve, ils ne vont pas vouloir de toi.

Le poinçon de nos enfances nous tatoue à vie.

Cette crainte, bien atténuée aujourd'hui, était omniprésente dans mes démarches de postadolescent. Je n'avais accepté le travail de représentant en encyclopédies que parce qu'il fallait nourrir ma petite famille et que je ne voulais rien devoir à quiconque. Mais je te jure que la première porte à laquelle j'ai frappé m'a paru une muraille. Mes cascades d'enfant m'avaient ôté toute peur physique. Mais là, c'était psychique. Il fallait parler, convaincre, oser, dépasser ma crainte du rejet. Un supplice au début. Une révélation à la fin.

Grâce à cette vie de VRP de province, j'ai vécu une expérience humaine incomparable, qui a sculpté mon aisance et mon bagout d'aujourd'hui. Une part de mon humanisme aussi. En démarchant des gens de tous niveaux sociaux. En me confrontant à leur intimité la plus profonde. Leurs douleurs, leurs joies. Leur empathie, leur agressivité. Leur luxe, leur précarité.

Et pêle-mêle, au fil de mes souvenirs, je revois des fermiers revêches qui me lâchaient leurs chiens. Des bourgeois hautains. Des orgueilleux grossiers qui me refusaient l'entrée avec des mots orduriers. Mais aussi des abandonnés trop heureux d'une compagnie qui m'offraient café sur café pour ensoleiller leur solitude. Des bienveillants d'une générosité incroyable. Des femmes offertes, infidèles. Des Emma Bovary inconsolables de ne pas être consolées.

Des raretés aussi.

Des exhibitionnistes qui me recevaient nus, sans pudeur. Des mystiques dans des décors de croix ou d'icônes. Des doux dingues entourés d'une faune inquiétante où fourmillaient serpents, araignées ou rats. Une désespérée aussi, un jour, qui m'a montré la corde accrochée à une poutre avec laquelle elle avait l'intention de se pendre dans la soirée. J'ai dû m'employer toute la journée pour arriver à l'en dissuader.

Au-delà de ma mission de vendeur ambulant, il y a eu tant d'occasions de palabrer, de m'apitoyer ou de rire. De m'enrichir des autres, une fois dépassée la crainte d'eux. J'ai feuilleté le catalogue d'une société qui m'en a appris bien plus en dix mois que pendant toutes mes années de collège, de lycée et de fac.

La plus belle école de la vie est buissonnière. Pour comprendre la forêt, il faut toucher les arbres.

Et puis, il y a eu Monsieur Guy.

Dans ma liste de noms et d'adresses à démarcher, c'était celle qui m'enthousiasmait le plus. Monsieur Guy était un industriel. Un notable estimé. Il avait été le patron de Maman. Elle avait travaillé dans son usine de fruits. J'étais d'autant plus impressionné par le fait de le rencontrer que Maman m'avait raconté comment il l'avait virée quelques jours avant ma naissance.

Un salaud alors ? Oh non ! Bien au contraire. Il adorait Maman qui le lui rendait bien. Chaque jour, elle faisait vingt kilomètres aller-retour pour s'échiner à porter de lourdes caisses de pommes. Un travail harassant, mais qu'elle effectuait avec ferveur sous l'œil d'un patron magnanime et généreux. À tel point qu'il l'a forcée à quitter son emploi alors qu'elle voulait continuer jusqu'au tout dernier moment avant d'accoucher de moi.

Il lui avait dit, faussement sévère :

— Allez ! va faire ton petit !

Elle avait répondu :

— Mais non, je peux encore tenir quelques jours.

Il lui avait enlevé de force la caisse qu'elle portait et lui avait ordonné en souriant :

— Ah non ! veux-tu me foutre le camp !

Le jour où j'ai tapé à sa porte, je n'avais qu'une appréhension limitée. J'étais à la fois très ému et très confiant. S'il y avait une vente dont j'étais quasiment sûr qu'elle se ferait, c'était bien celle-là. Au nom de sa longue amitié avec Maman, évidemment.

Monsieur Guy m'a reçu à bras ouverts. Il m'a parlé d'elle pendant un long moment. Et puis de moi, de mon avenir. Avec une infinie bienveillance. Presque comme un père. Je n'ai pas pu m'empêcher de penser aux ragots que colportaient les « vieilles aux fenêtres ». Celles qui supposaient que mon géniteur, c'était lui. Bien sûr que non ! Maman me l'avait juré. Mais je t'avoue que j'aurais bien aimé.

Au bout d'un quart d'heure de souvenirs, il m'a demandé :

— Alors, tu es venu me vendre quoi ?

Et j'ai débité mon laïus. L'utilité de l'encyclopédie *Focus* de Bordas. Pour lui. Pour ses enfants. J'ai récité mon argumentaire sans rien oublier des avantages d'une telle acquisition « culturelle ». Avec toute la technique du baratineur qui doit te rendre incontournable un produit dont tu n'as pas vraiment besoin.

À la fin de mon bla-bla, il s'est levé et m'a dit, à ma grande surprise :

— Non. Je ne prendrai pas tes livres.

— Ah bon ! ça ne vous intéresse pas ?

— Si, mais non… Tu es contrarié ?

— Un peu, mais je ne vous en veux pas.

— J'espère bien ! Je comprends que tu sois déçu, mais c'est le meilleur service que je peux te rendre. Ce n'est ni le prix ni le contenu qui m'en empêche, c'est toi.

— Moi ?

— Oui, toi. Tu étais impressionné de me voir, non ? Tu avais un peu peur ?

— Ben oui, forcément !

— Je l'ai lu dans tes yeux. Dans toute ton attitude. Normal, malgré ce qui nous rapproche, toi le petit démarcheur et moi le patron important, il y avait une appréhension. Je me trompe ?

— Non.

Et il m'a fait la leçon avec fermeté et bienveillance :

— Ce n'est pas comme ça qu'on réussit, mon petit ! Il faut d'abord te convaincre toi-même si tu veux convaincre les autres. Être sûr de ta force. Le patron, ça aurait dû être toi, pas moi. Et puis tu ne le voulais pas assez. Quels que soient tes projets, il faut les imposer avec beaucoup plus de conviction. Tu comprends ?

— Oui, monsieur.

— Non, pas « oui monsieur ». Oui, Guy ! Monsieur, il faut toujours que ce soit toi.

Il m'a serré la main en me regardant dans les yeux. Et il m'a balancé la phrase dont je me suis servi dans le poème d'introduction. La phrase que j'ai érigée ensuite en doctrine absolue tout au long de ma vie. Celle que je matraque autour de moi à tous ceux qui entreprennent un projet. Mes amis, mes enfants, les artistes débutants que j'encourage.

Cette phrase c'est :

Il y a peu d'impossible à qui le veut vraiment.

Parenthèse.

Il est fort probable que je revienne sur mon projet d'épitaphe. À l'origine, je voulais faire inscrire sur ma tombe une phrase de Jacques Brel que je trouve magnifique : *Si vous m'aimez, fermez vos gueules !* Après réflexion, je pense que je vais y renoncer pour la remplacer par celle de Monsieur Guy. *Il y a peu d'impossible à qui le veut vraiment*, ce sera moins punch line, comme on dit aujourd'hui, mais cette phrase portera l'espoir pour tous ceux qui viendront se recueillir en ma mémoire.

Fin de la parenthèse.

Nous avons tous ce *vouloir vraiment* qui somnole au plus profond de nous. Il suffit qu'il se réveille pour entrevoir une victoire. Déterminés et confiants. Sans la peur de l'échec. Grâce à lui, j'ai souvent vaincu l'improbable. Entre autres, à l'occasion de mes trois « résurrections » cathodiques.

Printemps 1991.

Mon émission *Sébastien c'est fou* sur TF1 cartonne. Plus de dix millions de téléspectateurs, un samedi sur deux. Mais je suis rattrapé par le contrecoup de la mort de mon fils quelques mois après l'accident. Nerveusement épuisé, je décide de tout arrêter. Et, là, le pronostic du petit milieu médiatique est sans appel :

— Il ne s'en relèvera pas. Il est mort.

Une résurrection ? Improbable.

Ce sera *Le Grand Bluff*, le 26 décembre 1992. Avec dix-sept millions et demi de téléspectateurs, record d'audience absolu. Avec le *vouloir vraiment* en béquille de survie plus qu'en ambition professionnelle. Réexister pour ne pas couler à pic.

Septembre 1995.

La curée médiatique. L'émission *Osons* déclenche un scandale. Un hallali d'une injustice et d'une violence inouïes.

Assassin et dégueulasse. Je suis obligé de quitter la télé et de mettre ma boîte de production en sommeil. Là, c'est sûr, on ne me pronostique aucune chance de m'en relever.

Une résurrection ? Improbable.

En décembre 1998, *Le Plus Grand Cabaret du monde* entamera une durée de vie et de succès de vingt-deux ans.

Mai 2019.

Au bout de longues années de bons et loyaux services sur le service public, l'éjection sauvage. Viré avec tambours et trompettes ! Les instruments de mes musiques populaires. L'homme blanc de plus de cinquante ans est renvoyé à la case « départ forcé ». Un black-out accompagné de soucis personnels. Photo d'ensemble : bientôt soixante-dix ans, la perte de mon travail, la fin de mon couple et un cancer. Édifiant comme bordure de précipice, non ?

Une résurrection ? Plus qu'improbable.

À l'heure où j'écris, les chansons de mon album grivois *Olé osé* approchent les cinquante millions de vues sur les réseaux. Vivant plus que jamais. L'hiver, des salles de théâtre pleines pour un spectacle intime. L'été, des places, des stades qui débordent de foule pour chanter et danser sur mes fiestas.

Pendant les trois minitraversées du désert qui ont précédé ces résurrections, à aucun moment je n'ai renoncé au *vouloir vraiment*. En balayant d'un revers de vie la peur de l'avenir.

À ces « résurrections » médiatiques, je voudrais en ajouter une. Une vraie. Celle d'un homme qui, selon lui, n'avait plus qu'à se laisser aller pour mourir vraiment. Il s'appelle Gilles. C'est un ami très cher, musicien de l'orchestre de René Coll. À la disparition de ce dernier, il en deviendra le chef. Le 1er avril 2004, on lui annonce une leucémie foudroyante. En guise de poisson, il sait qu'un sale requin va le dévorer. Il sera hospitalisé pendant dix mois, dont les derniers soixante-quinze jours en chambre stérile.

Il me confie :

— Une nuit, j'ai senti la mort sur moi. Il suffisait que je me laisse glisser et elle m'emportait. D'ailleurs, après toutes mes souffrances, et malgré ma peur de partir, ça me paraissait plus agréable.

— Qu'est-ce qui t'a donné la force de ne pas te laisser aller ?

— L'amour de la vie, de ma musique. J'ai résisté de toute ma volonté à cet aimant qui m'entraînait doucement. Tu sais, comme quand tu es très fatigué et que le sommeil t'envahit. J'ai lutté de toutes les forces qu'il me restait. Et j'ai gagné.

Gilles s'en est sorti. Aujourd'hui ce passionné, professeur de musique classique, goûte plus que jamais chaque saveur de la vie. Comme tous ceux qui ont frôlé la mort de très près, il s'est débarrassé de bien des peurs futiles, pour profiter d'autant plus du doux parfum de chaque instant volé.

Juste pour le plaisir du jeu de mots, son autre poisson d'avril : Carpe *diem* !

Mes résurrections, celle de Gilles, c'est peut-être la plus belle leçon de ce livre. Celle qui peut éradiquer toutes tes peurs d'entreprendre. En te réécrivant la phrase-clé. En majuscules même pour que tu l'imprimes définitivement.

IL Y A PEU D'IMPOSSIBLE À QUI LE VEUT VRAIMENT.

Allez, on enchaîne !

Jusqu'ici, j'ai tenté de te prodiguer des conseils pour essayer de te débarrasser de tes peurs. Pour les phobies qui vont suivre, je t'avoue ne pas en avoir vraiment. Je parle des phobies qui touchent à des éléments matériels. L'eau, le feu, les animaux, les objets.

J'ai écrit « éléments matériels » parce que je classe aussi dans les phobies les aversions humaines. Immatérielles celles-là. La peur des autres parce qu'ils sont différents. Cela englobe le racisme ordinaire, la ségrégation sociale et toutes sortes de stigmatisations. Pour cette catégorie, j'aurai des conseils que je t'exposerai plus loin. Mais pour les phobies attachées à des éléments matériels, je suis plus dans le constat que dans l'apport de solutions éventuelles.

Définition de la phobie : peur excessive et irrationnelle. Donc, entre autres, l'appréhension de poser le pied dans une carlingue et même sur un tarmac, en cas d'aérodromophobie, la peur de l'avion. De se retrouver au milieu d'une foule pour cause d'agoraphobie. De sortir sous la pluie si l'on souffre d'ombrophobie. Et même d'être victime de philimatophobie si le simple fait de donner ou recevoir un baiser déclenche une panique.

La liste est infinie et parfois tortueuse.

Une de mes amies chanteuse souffre de submécanophobie. Tu parles d'un vocable ! On en arriverait presque à avoir la phobie de le prononcer. Il s'agit d'une peur spécifique des objets artificiels immergés totalement ou partiellement dans l'eau. Avoue que ce n'est pas commun. Le moindre petit canard oublié au fond de la baignoire, une ancre sous la mer et mademoiselle panique. C'est fou, non ? Avec une synchronicité amusante au passage : la jeune fille s'appelle Marine.

La submécanophobie, donc.

Une aversion très particulière parmi des centaines d'autres répertoriées : arachnophobie (les araignées). Aichmophobie (les couteaux). Musophobie (les souris). Pyrophobie (les incendies). Batrachophobie (les grenouilles). Herpétophobie (les reptiles). Hoplophobie (les armes à feu)… et tant et tant d'autres. Une pyramide de frousses d'une diversité hallucinante avec en son sommet : la phobophobie, la peur d'avoir peur. Kafkaïen !

Comme je te l'ai écrit précédemment, je n'ai pas de conseils pour éradiquer ces aversions particulières. Étant par définition irrationnelles, il est inutile de vouloir remédier à leur désagrément par le raisonnement. En l'état je ne vois que la solution de t'engager à avoir recours au corps médical. Psychologues et autres. Et encore ! si tu ne souffres pas de nosocomephobie, la peur de tout ce qui a rapport à la médecine.

Un ami ironise :

— On n'est pas sortis de l'auberge !

— Ouais ! sauf si tu n'as pas pu y entrer pour cause de marbethophobie, la peur de l'hôtel !

On frise quand même un peu le ridicule. Ces peurs paniques sont bien réelles et parfois vraiment handicapantes pour la vie en société. Mais cette propension à étiqueter la moindre appréhension me donne plus envie d'en sourire que de m'apitoyer. Donc je vais me laisser aller à un petit exercice de style humoristique, qui, à défaut de te proposer des solutions crédibles, te distraira je l'espère.

À éviter donc :

Si tu souffres d'ornithophobie, la peur des oiseaux, les chansons d'Édith Piaf. De cynophobie, la peur des chiens, celles de Joe Cocker. D'hylophobie, la peur des arbres, celles de Maxime Le Forestier, de Jacques Dutronc et de Marie Laforêt. D'amaxophobie, la peur des voitures, les films avec Harrison Ford et Vin Diesel. D'entomophobie, la peur des insectes, les combats de boxe de poids mouches.

En revanche, si tu souffres d'orchidophobie, la peur des testicules, tu peux continuer à voter en toute tranquillité puisque ceux qui nous gouvernent n'en ont plus depuis longtemps !

Allez, je redeviens sérieux pour évoquer la peur de la différence. Celle qui nous empêche de faire le premier pas vers le handicapé, la personne au faciès ingrat, le clochard. Celle surtout qui est à la base de tout racisme. La peur d'une autre couleur de peau, d'une autre religion, d'une autre culture.

Je vais commencer avec le SDF. Et une anecdote personnelle qui m'a marqué à vie. Une rencontre qui m'a fait prendre conscience de ma propre stigmatisation imbécile.

C'était le 27 janvier 1983.

Le jour de la mort de Louis de Funès. Je l'ai apprise à la radio, au volant, dans Paris. Elle m'a bouleversé au point de me tirer des larmes. Je me suis garé et je suis resté prostré un long moment. Soudain, on a tapé à ma vitre. Un type en guenilles au visage torturé. D'un signe de la main, je lui ai fait signe de s'éloigner. Outre le moment mal choisi, comme la plupart d'entre nous je refuse souvent ces sollicitations aux feux rouges. Je sais, ce n'est pas très charitable. *Mea culpa.* Mais j'ai toujours, au-delà d'une infime crainte d'agression, un doute sur la sincérité et l'utilité réelle de ces aumônes.

Malgré mon invitation à s'éloigner, l'homme a insisté en tapant de nouveau au carreau. Là, je me suis un peu énervé. J'ai ouvert ma vitre et je lui ai lancé, agressif :

— C'est bon, j'ai dit non !

Et là, d'une voix calme avec un fort accent de l'Est, il m'a dit :

— Je veux rien, monsieur. J'ai vu que tu es triste, tu pleures, alors je voulais t'aider peut-être.

La claque. Aussi violente pour ma conscience que sa voix était douce.

Je lui ai souri et j'ai murmuré :

— Pardon, je suis désolé. Je te remercie, mais ça va aller.

Et puis j'ai fouillé ma poche, sorti un billet et je le lui ai tendu.

Il a souri à son tour.

— Non monsieur, pas besoin. Juste si c'est pas grave pour toi, ça va.

Et il s'est éloigné.

Putain de leçon !

Et pourtant ! j'en avais déjà reçu une de ce genre. Une erreur de jugement, un *a priori* stupide, il y a plus de cinquante ans. Ce jour de 1983, j'aurais dû me remémorer cette étiquette collée à tort treize ans plus tôt. Une de ces appréhensions de l'autre qui s'insinuent si souvent en chacun de nous. Ce rejet basé sur une imagerie traditionnelle qui pollue tant et tant notre vivre-ensemble.

J'ai déjà évoqué l'anecdote qui va suivre dans un de mes ouvrages précédents, mais je voudrais la survoler de nouveau tant elle est légitime dans ce chapitre. Ce n'est pas un manque d'inspiration pour remplir ces pages, c'est une illustration utile. Et puis, je n'ai pas la prétention de croire que quelqu'un ait pu lire l'ensemble de mon humble prose d'« écriveur ». Par bonheur, n'est pas Zola qui veut. Même ceux qui me conchient parce qu'ils pensent l'être.

C'était à l'occasion de l'oral d'histoire-géographie du bac que je passais en candidat libre à dix-sept ans. En entrant dans la salle d'examen, et en découvrant celle qui allait m'interroger, je me suis dit que c'était plus que mal engagé. La femme avait un visage sombre, revêche. Sèche, le regard noir, elle paraissait l'archétype de la sévérité. Elle m'a invité à m'asseoir face à elle sur un ton dénué de toute empathie.

Sa première question a été :

— Pourquoi passez-vous le bac en candidat libre, monsieur Boutot ?

Là, je me suis dit que, perdu pour perdu, ce n'était même pas la peine de tenter de l'apitoyer, comme le fait si génialement Dupontel dans son sketch sur le bac. J'ai donc expliqué la vérité.

J'ai tout déballé. Que je m'étais marié l'année précédente. Que j'avais un enfant et que, malgré mes notes excellentes, les autorités du lycée m'avaient puni pour cela en me faisant redoubler pour me pousser à quitter l'établissement. Et que je passais quand même cet examen pour me donner les moyens d'entrer au plus vite dans la vie active pour nourrir ma famille.

Elle me laissa dérouler mon argumentaire sans le moindre signe de compassion. J'ai même cru déceler, dans sa façon de m'écouter, qu'au fond d'elle elle cautionnait cette mise à l'écart d'un garçon clairement en marge d'une société encore pudibonde en ce début des années soixante-dix.

Mai 68 n'avait pas laissé que des traces libertaires. Beaucoup s'accrochaient encore à un dogme réactionnaire. Et mon instinct, alimenté par son aspect physique et sa raideur apparente, pressentait qu'elle faisait partie de ceux-là. Et que donc je ne devais attendre aucune indulgence de sa part. Et pire, que même si mes réponses étaient satisfaisantes, elle me noterait plus que sévèrement.

Après mon explication, la femme amorça l'interrogatoire sans commentaire et surtout en ne levant même pas les yeux sur moi. Là, je me suis dit que c'était définitivement foutu. Sa froideur sous-entendait pour moi un jugement qui ne pouvait qu'être négatif, quelles que soient mes réponses à son questionnaire.

Elle demanda :

— Bien ! Histoire, pour commencer. Contre qui avons-nous combattu pendant la guerre de trente-neuf quarante-cinq ?

J'ai eu un temps d'hésitation tant la réponse me paraissait simple :

— Ben… euh… les Allemands.

— Très bien, je vous mets 17… Et géographie maintenant. À qui appartient l'Ukraine ?

— À l'URSS.

— 17 aussi…

Et toujours sans lever les yeux, elle a ajouté :

— Et soyez heureux !

La merveilleuse surprise.

Le cadeau d'un ange que j'avais pris pour un démon !

Que de peurs inutiles éradiquerions-nous si nous renoncions à juger les autres sur une première impression ! Pour une étiquette collée à tort. Un *a priori* manichéen et stupide. Une crainte de l'autre injustifiée. Comme celle qui m'a fait repousser le clochard au feu rouge avec véhémence. Cette appréhension au premier regard est une des pires causes de nos mésententes sociales. Par extension, c'est elle qui nous conduit à tous les racismes, qu'ils soient de peau ou de caste. Ces stigmatisations qui gangrènent de plus en plus notre société, en nous conduisant au mieux à l'indifférence, au pire à l'agression.

Avant de développer, je vais juste agrémenter ce constat dramatique d'un trait d'humour. Une réplique à la Audiard. Elle paraît futile, mais elle résume parfaitement l'incohérence de nos ségrégations au premier abord.

C'est une phrase d'André Pousse à l'occasion de l'interview piège devenue culte par Raphaël Mezrahi :

— S'il y a écrit Bénédictine sur la porte des chiottes, c'en est pas !

Alors, d'accord ! les abayas fleurissent sur nos trottoirs. Les agresseurs au couteau sont rarement des Français de souche. L'équipe de France de foot n'est pratiquement plus composée que de Noirs. Ça ravit les aficionados du ballon rond autant que ça irrite les supranationalistes. Dans le cadre d'une inclusion imposée par la bien-pensance, les Noirs encore sont parfois bien plus présents dans les pubs que les Blancs. Un quota non représentatif de la population qui fait maugréer en sourdine les suprémacistes.

Et puis il y a aussi les prisons remplies en majorité de non-Gaulois. La racaille française d'origine étrangère à la une des faits divers les plus violents. Ces banlieues que tu traverses en te demandant si ton GPS ne t'a pas égaré sur le continent africain. Et ça, forcément, ça crispe l'Auvergnat depuis six générations ! Et d'amalgame en amalgame, on en arrive à une population en permanence sur ses gardes. D'un côté comme de l'autre. Parce que le racisme anti-Blanc est bien réel aussi. La peur insidieuse. L'incompréhension mutuelle. Et ce premier pas de l'un vers l'autre qu'on oublie de faire.

Pour moi, la France est multiraciale et multiculturelle. Et c'est tant mieux. La peur de l'autre est une aversion naturelle chez tout être humain. L'éradiquer totalement est une utopie. Mais elle est largement atténuable. Pour ma part, je m'y emploie chaque fois que je me trouve face à un différent. D'une autre couleur, d'une autre mémoire.

En mon for intérieur, je ressors la phrase bienveillante de Maman :

— J'ai confiance en toi.

Je sais qu'en avançant ce postulat je vais hérisser les nationalistes purs et durs. Ceux qui rêvent d'une France blanche, catholique, accrochée au droit du sang comme un lierre à une muraille. Et bien entendu, comme expliqué dans un autre chapitre, je sais aussi que je porte atteinte au garde-manger des partis extrémistes qui se gavent allégrement sur la phobie mutuelle.

Argumenter ne servirait pas à grand-chose. Je suis bien conscient que mon idéalisme humaniste est une lubie de

Bisounours. Parce que l'évidence est criante. La guérilla urbaine n'est plus une fiction, c'est une réalité. L'Islam grignote chaque jour un peu plus le moindre territoire de la république et le RN a été élu démocratiquement le premier parti de France. Hélas ! je crains que rien ne vienne combler le précipice qui s'agrandit entre les deux clans.

Et de ce fait, « La France aux Français » est devenu le plus clivant des slogans. Une urgence pour les uns, une hérésie pour les autres. Une fatalité dramatique pour les visionnaires d'un pays en devenir de conquête. Une atteinte grave au droit d'exister pour les autres. Soit ! Le danger est réel. Celui d'être exclu de sa propre maison par ceux qu'on y a accueillis généreusement. La réaction ségrégationniste est tentante. Non négociable même pour certains.

Mais quoi qu'il en soit, même si mon humanisme a du plomb dans l'aile, ça ne l'empêchera pas de voler !

Pour moi, un salaud n'a ni couleur, ni pays, ni religion. C'est un salaud, c'est tout. Et c'est pareil pour une belle personne. C'est pourquoi il faut lutter à chaque instant contre cette peur sourde de l'inconnu en remplaçant la suspicion par la confiance. Ne jamais hésiter à faire un pas les uns vers les autres pour nous comprendre au lieu de nous défier. Sans être exagérément pessimiste, le chaos est bien plus proche que l'on croit. Alors autant tenter d'inverser l'ordre des choses : le seul moyen de l'empêcher d'éclater, c'est de signer l'armistice avant la guerre.

À l'orée de ce livre et à l'aune, entre autres, de ce que je viens d'écrire, je vais m'arrêter sur une dernière peur. Oh ! ni une terreur ni une frayeur. Juste une légère appréhension qui m'a accompagné tout au long de l'écriture de cet ouvrage : la peur des mots. La crainte de l'interprétation de la moindre de mes phrases par le tribunal médiatique.

En l'occurrence pour le constat sans filtre de notre société que je viens de faire, d'être accusé soit d'exclusion par les uns, soit d'angélisme par les autres. C'est la nouvelle inquisition menée par les avocats généraux des réseaux sociaux et les observateurs à l'affût de la moindre occasion de remuer une merde imaginaire.

Scatologique certes, mais c'est le mot juste, car il s'agit bien de ça.

Comme tous les personnages publics, à chaque expression, qu'elle soit écrite ou parlée, je suis ligoté par l'entrave d'un écho nauséabond à mes déclarations. Obligé en permanence d'anticiper l'interprétation calomnieuse et puante de mes propos. Souvent faite en en détournant le sens. En scindant, falsifiant les mots dans le seul but de faire un buzz.

Ce goût du procès d'intention, du ragot, n'est pas nouveau. Juger sans savoir vraiment a existé de tout temps. Mais avant le progrès numérique, cette dérive était la plupart du temps cantonnée à un simple avis personnel ou à un petit cercle. Aujourd'hui elle est autant universelle que dévastatrice, hélas !

L'occasion d'un dernier aphorisme de circonstance que m'a offert un ami célèbre, détruit par des rumeurs de violences conjugales malgré une innocence avérée depuis :

Les réseaux sociaux n'ont pas inventé les rats. Ils leur ont juste donné la parole !

J'approuve ?

Pas entièrement. Parce que faire de ces réseaux sociaux un diffuseur de peur universelle est un raccourci bien trop primaire. Les cantonner à des insanités de cloportes est injustement réducteur. C'est oublier tous leurs bienfaits. Ils ont aboli des solitudes. Ils ont rapproché des êtres que tout éloigne. Ils ont donné à des créateurs inconnus la possibilité d'avoir accès à la lumière. Ce sont aussi des diffuseurs de culture, de talent et d'intelligence.

En ce qui me concerne, cette hydre moderne m'a apporté autant de désillusions que de satisfactions. Des crachats et des compliments. Parfois autant immérités les uns que les autres. Des admirations et des détestations bien souvent surévaluées.

Match nul !

À l'heure où j'écris, les nouvelles chansons crues de mon album *Olé osé* sont devenues virales. Grâce aux réseaux, des dizaines de millions de vues. Un engouement plus qu'inattendu que je n'aurais certainement pas eu sur les médias traditionnels. La réponse du peuple au mépris des élites. Un succès critiqué et critiquable certes, mais qui va au-delà de la simple pantalonnade grivoise de beauf.

La preuve. Des articles de presse élèvent mon amusette gauloise au rang de philosophie. Inimaginable ! Une analyse très sérieuse sur la correspondance de ce succès avec une angoisse sociétale en recherche de soupape. La brillante Anne-Sophie Moreau dans son article dans *Philosophie Magazine* me renvoie à Nietzsche lorsqu'il évoquait la profondeur du superficiel. Et aussi à Simone de Beauvoir qui écrivait :

La fête est avant tout une ardente apothéose du présent, en face de l'inquiétude de l'avenir.

Quel honneur !

De quoi balancer mes chemises bariolées pour me vêtir du pull à col roulé sous le costume de velours rêche de tout penseur assermenté. Pour devenir professeur ès certitudes. Et échanger la pipe grivoise que je vénère contre une vraie, en écume, à fumer à la commissure des lèvres. Me transformer en donneur de leçons officiel. Sentencieux, imbu, présomptueux, persuadé que mes vérités sont La

Vérité. Et bien calé dans un fauteuil de dignitaire de la science infuse, substituer le savoir au vécu.
Et pourquoi pas, pour la blague, au moment où je viens d'apprendre la disparition de Sa Sainteté François, m'octroyer le titre de « sous-pape » ?

Habemus Patoche !

Mais non, voyons !

Rester futile, primaire, ordinaire et éternellement libre. Avec quand même une jouissance qui me transporte. Le paradoxe heureux de ma carrière de saltimbanque. Atteindre un semblant de respectabilité grâce à une chanson qui s'appelle *Est-ce que tu l'as vu mon cul !* La belle revanche ! De l'improbable 2 point 0 ! Et surtout le pied de nez d'un gosse insolent, gai et libre qui refuse absolument de devenir un adulte encodé. Sans la moindre peur de l'image parfois tronquée qu'il renvoie. Gaulois, vulgaire et braillard. Ce qu'il est aussi parfois et qu'il assume pleinement.

Rester soi-même est le seul chemin à suivre pour ne pas se perdre en route. C'est peut-être la mise en garde la plus importante de ce livre : s'il y a une peur à combattre en priorité, c'est celle de ne pas être comme les autres.

Pour moi, mieux vaut être clown que clone.

La question n'est pas « être ou ne pas être ? »

C'est : pour exister au mieux dans la société, doit-on vivre en original plutôt que de se contenter de s'afficher en copie ?

Un bon sujet de dissertation, non ?

Bonne réflexion, futurs bacheliers !

On en reparlera dans mon prochain livre.

À condition, bien entendu, que la lecture de celui-ci t'en ait donné l'envie. Cela supposerait que j'aie peur que tu ne l'aies pas apprécié ? Non, bien sûr ! Quel que soit ton jugement, je l'accepte avec sérénité. La seule peur qui m'habite n'est pas une indifférence, voire un désamour de mon écriture. C'est celle de ne pas avoir l'infini bonheur de me mettre de nouveau à l'ouvrage pour commencer le livre suivant.

D'ailleurs, j'en ai déjà choisi la forme. Ce sera un roman. Pour l'amoureux des mots que je suis, le plaisir d'écrire est bien plus important que celui d'être lu. Enfin ! en espérant que la vie m'en laisse le temps. Ma camarde reste à l'affût. Mais bon ! en cas d'inéluctable programmé sur fond de synchronicité, on est le 2 mai.

Le prochain 28 février est encore loin.

Post-scriptum

J'ai donc fini d'écrire ce livre le 2 mai 2025.

Et puis il y a eu au mois de juillet le concert au Cap d'Agde, le temple du libertinage. Et une polémique XXL. Bien sûr que je brûle d'anéantir les mensonges, les diffamations, la manipulation. J'ai tous les arguments pour dans cette affaire où le public était tout sauf familial et où je suis bien plus victime que coupable. Mais, pour les vautours, m'y attarder ne réduirait ce livre qu'à ça. Et je veux éviter ce détournement qui en balaierait l'essentiel.

Donc, aucun commentaire.

Juste une synchronicité supplémentaire, en écho au nombre 22. Celui commun à de Gaulle, Kennedy et la mort de Maman.

Le concert du Cap d'Agde a eu lieu le 22 juillet, à 22 heures.

UN DERNIER VERS
POUR LA ROUTE

N'aie pas peur de la vie, n'aie pas peur de la mort
N'aie pas peur de rêver, de croire à des trésors
Fais confiance au destin même quand il te blesse
La même main qui frappe peut faire une caresse

Loin des sentiers battus, n'aie pas peur d'être fou
C'est celui qui s'égare le plus sage de nous
Qui défie les murailles, qui défie les puissants
Sans la crainte du fouet, du mépris, des tourments.

N'aie pas peur de l'orage et de ses coups de foudre
Une vie éclatante doit sentir la poudre
Si tu veux aller loin, envers et contre tout
Mieux vaut résister droit qu'avancer à genoux

La crainte tant de fois t'a fait baisser les bras
Empêché d'être libre, empêché d'être toi
Alors encore un vers, le dernier pour la route :
« Le plus fort, c'est celui qui jamais ne redoute. »

TABLE

Composition et mise en pages
Nord Compo à Villeneuve-d'Ascq

Soucieuses de la préservation de l'environnement, les Éditions XO utilisent du papier issu de forêts gérées de manière responsable.

N° d'édition : 5458/01 – N° d'impression : 3061979
Dépôt légal : octobre 2025

Imprimé en France